广州美术学院学术著作出版基金资助出版

机场服务设计与交互体验

Airport Service Design and Interaction Experience

刘毅 张浩波 / 编著

上海人民美术出版社

图书在版编目(CIP)数据

机场服务设计与交互体验 / 刘毅，张浩波编著. —
上海 ： 上海人民美术出版社，2022.12
ISBN 978-7-5586-2498-8

Ⅰ.①机… Ⅱ.①刘… ②张… Ⅲ.①民用机场－商业服
务 Ⅳ.①F560.81

中国版本图书馆CIP数据核字(2022)第211136号

机场服务设计与交互体验

编　　著：	刘　毅　张浩波
责任编辑：	邵水一
封面设计：	杨超杰
装帧设计：	朱庆荧
技术编辑：	史　湧
出版发行：	上海人民美術出版社
地　　址：	上海市闵行区号景路159弄A座7楼　　邮编:201101
印　　刷：	上海颛辉印刷厂有限公司
开　　本：	889×1194　1/16　11印张
版　　次：	2023年1月第1版
印　　次：	2023年1月第1次
书　　号：	ISBN 978-7-5586-2498-8
定　　价：	68.00元

▍前 言

在国民生活质量普遍提升、公民意识逐渐增强的社会背景下，社会公共服务已经成为大众广泛关注的焦点。机场服务作为社会服务中的典型场景，其服务的好坏直接决定了人们对机场所在城市的整体印象的好坏和评价的高低。现代城市交通枢纽的复杂性、系统性、功能多元性的特征打破了原服务设计实践中行为与场景、服务组织与服务体验的统一关系，造成了服务提供侧的服务机能与服务接受侧的服务感知的错位，最终可能致使旅客感知服务品质的下降。面对这一问题，社会学者尝试用分解服务系统中各个要素与人的权利、行为、惯习关系的方法去求解；心理学者尝试通过洞察人的认知和预期，去解释人们在服务过程中的感知。但这些尝试最终都不能完整地解决复杂交通枢纽中的服务设计问题。

在机场服务所要面对的所有旅客群体中，行动障碍人群的服务体验问题一直没被置于设计师关注的焦点之中。虽然近年由社会学思潮掀起的平权运动、障碍者权利运动等推动了设计研究领域对行动障碍弱势群体的设计思考，产生了通用设计、包容性设计等相关的理论和设计方法，但就本质而言，该类研究聚焦的还是对行动障碍人群生理层面、功能层面的思考和解决方案。在社会和市场把"体验感知"作为重要竞争要素的当下，设计研究领域并没有为行动障碍弱势群体提出以合理的"体验"为导向的研究理论及方法。本书从交互特征、出行行为交互需求、机场出行行为的服务设计触点、机场行动障碍人群的满意度四个维度开展研究并进行论证，以行动障碍人群为例，聚焦机场枢纽场景，整合社会学对场域理论的观点、认知心理学对满意度的理论和方法，并通过交互设计的研究框架逐层解剖机场服务系统中不同角色之间，各个角色与服务空间、服务触点的交互关系，以期为现代交通枢纽中复杂的服务系统设计寻找合理的设计方法。

本书从机场场景中的交互要素特征出发，分别对行动障碍人群的概念及发展、机场服务场景的特殊性、机场服务流程及触点要素进行了定性分析。从而在此基础上着手构建了机场服务场景的交互状态分析，从宏观层面建立对机场服务中各个关系要素的分析：服务系统与流程、功能区域与空间、服务资源与需求的理解与逻辑关系等。从而获得对机场服务流程复杂性与低效性、服务触点合理性与适用性、服务资源共享性与独享性等矛盾点的洞察。本书在对服务场景与服务组织的深入研究和分析的基础上，剖析了当前机场服务系统中的"服务机能"问题，利用"服务满意度评价"的理论体系，通过量化分析方法构筑了作者对旅客出行行为的理解、出行预期的感知。本书结合前期获得的交互设计的各要素的分析结果，推论得到行动障碍人群机场出行满意度形成的机制；以跟踪观察、深度访谈等方法对机场的服务空间、服务资源、服务流程进行全方位的系统研究，梳理出不同角色在机场服务流程中的需求，以及服务流程与机场功能空间分布的关系；从人因工学的角度对机场各功能空间尺度及设备在行动障碍人群使用过程中的问题进行总结；结合服务资源配置关系，对比了机场通用旅客服务流程与行动障碍人群出行流程的特殊性。

本书根据对出行的逻辑关系的抽象，结合服务工程学对服务系统中各个要素的关系定义，将复杂的机场服务流程和评价问题归纳成行动障碍人群机场出行通用模型，弥补了以往研究在服务设计中将出行服务中时空问题分割的缺陷。在服务设计方法层面，本书根据公共服务所强调的可靠性、可通过性、时效性、服务资源效率等原则，运用实证研究的方法拓展了服务设计在量化分析上的方法论探索，丰富了服务设计方法论体系；在设计应用层面，本书以广州白云国际机场为设计实践对象，结合本次研究成果对行动障碍人群服务进行服务流程重组，并且对服务流程中私密检查室、特殊旅客等候区等多个服务触点进行重新设计。本次研究成果在白云机场进行实地验证，并由广州市残联、广州白云机场运营公司共同验收，其所提出的服务设计洞察、设计流程改进等方案对提高行动障碍人群服务质量具有有效性。

| 目录

第 1 章

现代交通枢纽的服务困境

/

现代城市发展的一个重要的特征是逐渐加强的国内、国际连接，这种连接也是人们的一种生活常态。而这种高频度的连接依靠的是具有整合能力的公共交通网络和交通枢纽。在以往的城市建设中，交通枢纽是在各个交通工具类别之下的，机场、铁路、公路交通各自拥有公共交通站场，但这些站场之间并不相互连接。在现代社会巨量的出行需求下，这样分散的交通模式会造成交通堵塞。因此，在当下的城市建设中，"整合式"的交通枢纽开始普及。多种交通形式的高度整合形成了现代复杂的交通枢纽系统。现代化的都市机场作为连接区域内部交通与城际、国际的交通枢纽，它向内连接着市内或者区域中相邻城市的各个交通节点，向外连接着中长途国内、国际之间的人员、货物的流通。同时，它服务着城市中所有的用户群体，包容着所有用户千差万别的出行需求。因此，交通枢纽的研究成为当下现代社会中一个重要的研究课题。作为城市名片的机场服务，其出行体验也成为人们在社会生活中最为关心的问题之一。

纵观国内外研究学者对于交通枢纽中设计问题的研究，大部分还是关注着交通枢纽的"通过性""连接效率""交通容量"等问题。20世纪五六十年代，大部分交通领域的研究学者还是专注于通过路径算法优化出行用户选择的出行路线。至21世纪，交通枢纽中因为信息复杂度造成的出行效率低下的问题开始受到研究领域的关注。信息与交通出行的关系开始进入研究者的视野。2009年，德国学者戴宁等人详细地研究了有关提高搜索效率的方法。他认为，当前较为常见且普遍使用的方法是双向搜索（bidirectional search）、目标导向搜索（goal-directed search）和缩减网络规模（contraction）。在较为简单的空间环境中，单向搜索是最为有效的方法，但在复杂的交通枢纽站场中，单向搜索的效率则明显降低。双向搜索，也就是从起点到终点进行正向、反向的搜索，这样的搜索在复杂的交通系统中是更为适用的，因为可以减少搜索的空间和范围，从而加快人们在特定站场中的出行行为效率。在复杂的交通枢纽的空间中，Sanders等人根据交通网络不同类型的特点，将空间进行不同层次的划分。在这个基础上，Geisberger等学者按照行进速度、优先级、需求特征，将空间层次进一步分层和适配。在这一阶段中，研究学者已经清晰地认识到，现代交通枢纽是一个复杂的系统，它直接关联各个交通工具的本体（如汽车、飞机、高铁）等，还涉及交通枢纽所依存的建筑、环境，并最终连接成了一个整体，它的优劣直接影响旅客对交通出行的服务满意度的高低。

虽然国外的众多学者已经意识到现代交通枢纽系统的复杂性，但问题是，当前的着眼点仍然是解决交通枢纽中的一维空间连通和二维时空效率性问题。而在国内，这样的研究还是相对滞后的，这与我国高铁、航空业的发展有着直接的关系。近年，国外学者对交通问题的研究已经逐渐从一维转向多维，从单因素转向多因素，从物理网络层面转向服务层次。例如，德国学者斯德尔首次提出了公共交通服务的可靠性概念，他把"服务"概念引入公共交通研究领域，并且定性分析了影响服务可靠性的因素。国内学者刘锐、戴帅等也对公共交通网络的可靠性进行了分析。刘锐提出，出行的可靠性可以分为三个方面：1）从方案实现性角度评价出行方案的供给能力可否满足旅客需求；2）从抗扰动能力角度评价出行方案的耐用性；3）从个性化需求角度评价出行服务是否符合旅客需求。但是这样的"可靠性"还是从出行效率和通过性的角度对出行服务进行评价的，并没有从"体验"的角度对出行问题进行研究。

在公共交通枢纽领域的设计研究中，关注行动障碍人群的相关文献并不多见。多数研究学者还是以通用设计（美国、日本）、包容性设计（英国）、Design for All（欧盟）、无障碍设计（德国）、Obstacle-Freedom（瑞典）的设计理论作为切入点对交通枢纽进行研究。在国内外研究成果中，针对机场的研究更少。在包容性设计理念的基础上，美国的设计研究学者曾经提出在旅客出行服务各个流程环节当中，服务系统应该为不同的人提供多样性的服务和响应。他们所指的旅客已经包括了行动障碍人群。他关心各个群体的旅客能否在同一个服务系统中获得良好的服务体验。同时他们也认为旅客在公共枢纽出行的各个环节中，应该与出行系统服务建立一种深度的交互关系，并在出行过程中形成良好的"个性化体验"。可以说，这一思维模式已经带有强烈的服务设计的思想。他们已经开始脱离交通枢纽一维、二维的传统时空概念，摆脱从功能性的"出行可靠性""出行效率"考虑的思维观念，转而用服务体验思维去重新审视公共出行服务。反观国内有关公共交通枢纽中行动障碍人群的相关设计研究，大部分的研究学者还是更关注为特殊旅客减少空间中的障碍。例如贾祝军从无障碍设计原则的角度分析了机场航站楼里的障碍性因素。向泽锐等通过分析旅客的需求，建立了行动障碍人群出行的需求模型，并且测量了与行动障碍人群出行相关的轮椅回转空间、通行宽度、轮椅与人的基本人机尺度关系等尺寸。随着信息技术应用的普及，智慧机场的概念已经在全国公共交通领域推广开来，部分研究学者开始把交互设计理论运用到机场相关的设计研究当中。例如，贺雪岚认为机场里的智能设施应用、航站楼设施等需要融入交互设计理念，还为此提出了改进方案，以实现"智慧机场"的目标。杨玲、杨牧梦结合认知心理学，分析了日本成田机场航站楼的导向系统，旅客在机场场域中的认知特征、认知障碍，还从不同角度分析了机场场域中所涉及的信息。他们希望通过这一研究能更好地跨越认知障碍，让机场的整体交互性及其信息架构更好地为用户服务。

总的来说，现代交通网络的复杂性与综合性促进了学者对现代综合性交通枢纽的设计研究。在这些研究中，虽然交互设计的手段已经被引入机场的建设和服务研究当中，但研究重点仍在提高机场中信息化产品的可用性和可靠性上。近年来，部分国外学者开始从服务和体验的角度切入机场的服务研究中，但并没有看到有关行动障碍人群或者残障人群的机场体验研究。而在现代市场中，用户体验成为重要竞争因素，机场及公共服务系统的体验开始进入公共服务从业者的视野，服务因素在机场行业中也上升到一个前所未有的新高度。

国际机场协会（Airport Council Interactional）自 2006 年开始进行全球机场服务质量（Airport Service Quality）评价。全球机场服务质量（ASQ）调查评价涵盖了 34 项关键业绩指标来描述乘客旅行体验，包括六个大类，如交通往来、办理登机手续、安全、机场设施、食品饮料、商业零售等。所有的参与机场均使用相同的调查问题，创建允许参与者跟踪和分析服务表现的行业标准集，并与世界各地机场的测试结果进行对标，所有参与机场可以在保密基础上查看其他参与机场的 ASQ 调查结果。

2014 年，全球有超过 55 万人参与调查，涉及旅客飞行服务的全过程体验。作为业界比较全面的乘客服务基准测试工具，ASQ 调查在全球 300 多个机场获得了乘客从办理登机手续到进入登机口的可靠评价。ASQ 评价代表了乘客对 34 项重点服务指标的意见，是全球顶级机场有关客户服务的客观和准确指标。国际机场协会公布的 2014 年全球最佳机场评选结果，共包括四个排名，分别是服务最佳机场、区域最佳机场、最佳小机场、最佳改善机场。从 2014 年开始，ASQ 的排名得到了机场行业的普遍认可。同时，ASQ 指标的普及也证明了用户体验因素已经成为行业竞争的重要指标。在 2015 年的 ASQ 评比中，中国北京首都机场在亚太地区排名第三，韩国首尔仁川机场和新加坡樟宜机场凭借服务和顾客满意度享誉全球，首尔仁川机场更是连续八年蝉联第一。

虽然由市场推动的用户体验逐渐在公共服务领域得到认可，也开始让公共服务领域中的服务意识、服务形态发生改变。但是，相较于一般的商业业态，机场等公共服务中的"用户体验"还是远远滞后于市场发展。究其缘由，有公共服务领域自身的原因。公共服务本身就带有一定的公益性，而且像机场这样的公共服务场景，它还具有一定的强制性和约束性（如安检、值机等），因此这样的公共服务必定区别于一般的商业服务场景。近年来，随着航空业的发展，机场服务有了质的提升。机场服务对象摆脱了原来粗放的服务模式，朝着更精细化、更细分市场的方式发展。机场的旅客被细分成商务、儿童、特殊旅客、家庭旅客、团队出行等不同的画像。在众多的用户细分中，随着商业利益的推动，机场服务为商务、家庭旅客、团队出行等多个旅客群体提供了有针对性的服务板块和服务内容，也让这些群体的旅客体验得到了切实的提升。但是，对于社会弱势群体的儿童、残障人群等特殊旅客的体验研究一直处于边缘状态，并没有得到服务规划从业者的有效关注。

本书一方面从现代机场交通枢纽的特殊性入手，剖析机场服务系统的构成；另一方面从特殊旅客体验入手，分析在机场服务中最容易被忽略的客群的行为与感知，进而对机场出行服务这一庞大服务系统提出服务重塑的思路与服务创新的尝试。

第一节
被忽视的行动障碍人群体验

面向行动能力障碍人群的设计在 20 世纪 50 年代就开始发展，包括美国、英国在内的众多发达国家推出了无障碍空间设计这一理念。到 20 世纪 70 年代，欧洲及美国开始采用"泛设计"（Accessible Design）概念，指的是满足不良于行的人士在生活和环境上的需求的设计。美国学者麦克认为，如果能够解除外部环境之中所有的障碍信息，那么所有人都能够强化自身的官能。但这时候所指的"无障碍"还是针对环境和空间的"无障碍"，并不是针对我们日常使用的产品。到 20 世纪 80 年代末为止，美国研究人员罗纳德的相关研究促进了"通用设计"这一理念的普及，罗纳德主张在对各种物品进行设计时，应当全面考虑不同潜在使用者的需求，尽可能让所有可能的需求者都能够便捷地运用事物。可以说"通用设计"的概念并不是专门为行为能力障碍人群而做的设计，而是"全民设计"的一种方向。通用设计研究者希望在每项设计中都加入各种特点，让它们能被更多的人使用。研究领域内也有一些学者将这一概念命名为"普适设计"等。瑞典等北欧地区发达国家在提出针对老龄人群和残疾人群建立专门的居住空间设计方案后，市场中也逐渐出现专门的机构承担通用公寓设计工作。美国学者萨拉在其研究之中重点调研和总结了该国老龄化情况，阐述了当前在社会生活中老龄人口所面临的问题以及由于官能退化所导致的诸多不便。他提出我们应当正视老年人对于公共设施的需求，并且通过普适设计来让老年人得到更为便捷、安全的生活。加拿大各级政府也出台了与特殊旅客相关的建筑法规，确定无障碍设计的各项标准，让设计师、建筑师和政府人员都知晓需要在该城市中提供必要的无障碍设施，使得从社会到家庭对特殊旅客的重视程度普遍较高，并且还建立专门的网站——"无障碍建筑"（Barrier Free Construction），目的是将无障碍设施融入家居设计之中，比如说可以在洗澡间内安装轮椅等。

在设计理论层面，学术界也在无障碍设计、行为能力障碍人群关怀、绿色可持续等方面，从不同角度开展对社会少数群体的设计研究。大部分与无障碍相关的学术研究基本还是建立在城市空间中的行为关系上的。其中，聚焦于出行行为方面的相对偏少，更多还是包含在障碍人群城市建筑空间的行为研究当中。随着社会意识的发展和迁移，行动障碍问题的相关研究从单纯的对"物"研究，逐渐转向对人、社会、群体的研究。建筑领域学者在其著作之中对人体工程学研究成果进行了总结，并以此为基础探究住宅设计的最优方式。他们以"无障碍设计"一词来定义新的功能空间，为特殊旅客的公共空间设计提供了清晰有用的指南。建筑设计研究者探讨在室内设计过程中怎样才能够让残障人士获取更好的公共服务等问题。建筑设计研究者通过分析现场跟踪采集的大量真实可信的信息，发现了残障人士在日常生活中的诸多需求。这些信息很好地支持了设计实践活动。社会学研究者则主要面向老龄群体对建筑规划问题进行讨论，认为老龄人可以依照其生活能力而划分为三个类别：第一类老人拥有完善的自主生活能力；第二类老人需要外部人员或设施的辅助才能实现正常生活；第三类老人基本缺乏自主生活能力，需要护理人员的专业化服务。在进行建筑规划的过程中，人们不仅要考虑老龄人的身体需要，还要充分重视这一人群的心理需求。产品设计师同样将老年人作为研究对象，认为要将无障碍理念融入产品研发工作之中。我国设计研究人员对行为能力障碍人群的相关设计研究成果，为行为能力障碍人群的空间环境设计和产品设计提供了珍贵资料和重要依据：

● 建立了无障碍住宅和行为能力障碍人群空间设计的基本规范；
● 根据行为能力障碍人群生理心理特征进行了建筑空间设计探索；
● 根据行为能力障碍人群的行为制定了室内、家具及产品设计的方法和策略。

在行动障碍问题相关领域中，众多设计研究学者提出了自己的研究思路和方法，但其中的大部分都是从行动障碍问题的功能、障碍者生理缺陷的补全等角度出发，鲜有从障碍者心理角度出发去研究障碍者在当下的社会服务中的体验和感知。在进入互联网社会的当下，体验及感知已经成为社会中人们对商业、服务、产品评价中一个非常重要的指标。因此，本书尝试使用交互设计的理论框架分析服务体系中的体验问题。交互设计是当下设计学科当中解决人与物、人与系统、人与环境等复杂关系的一个综合性的研究领域。在交互设计当中，研究者需要考虑到产品及服务系统中人的因素，它包括人的心理、生理因素，也需要考虑到环境、场景、流程带给人们的限制性的条件和因素。辛向阳在其著作之中整理了交互设计要素，分别为用户、行为、目标、场景、媒介。用户、行为和目标都涉及对用户的认知心理、行为动机、情绪等内因的深度挖掘。场景、媒介则是研究了服务及产品所依存场景的外部条件，它包括场景中的设备、环境能赋予用户的能力及可及性的边界条件。本书是关于行动障碍人群的交互设计研究，其在交互设计领域中被称为 DIX（Disability Interaction），这一研究领域特指对障碍性群体在交互设计中所遇到的相关问题的研究。虽然 DIX 所指向的研究对象是障碍性群体，但在交互设计研究体系中，交互设计研究的框架是没有改变的。通过对相关文献的收集和整理，我们可以从障碍问题的归因、障碍问题心理特征及体验研究两方面来理解行动障碍人群的交互设计问题。

通过梳理前一部分的理论研究框架，本文汇总了与用户体验及服务设计相关的行为学及心理学理论，并汇总成如下表格。

表 1-1　用户行为研究相关理论汇总表

理论名称	作者	主要内容	关键词	时间
动机理论	Deci、Ryan	个体自主实施决策的程度越高，就代表其拥有水准的自主性越高，此时主体将拥有更多对外物的控制力，此时个体更容易受到外部刺激而唤起某种行为动机。	动机	1985 年
知信行模式	Coste	模型的核心理念是知识、态度、行为的基础。信念是促使个体实施某种行为的心理基础，如果信念发生了变动，那么个体的行为倾向也会有所不同。而信念的建设方式和结果则会受到个体知识水平等因素的影响。	知识、信念、态度、行为	1991 年
行为表格	Fogg B. J.	应当采取时间持续水平、行为性质和行为强度三个标准来对行为做出分类。从横坐标看，行为性质包括陌生行为、经常性行为等。从纵坐标看，行为性质包括点状行为、段状行为和路径式行为等。每个行为都可以找到对应类型。	行为	1998 年
劝导理论	Robert B.Cialdini	向人们揭示了六个对劝导有影响力的武器，即劝导的原理——互惠、承诺、权威、社会认同、喜好、稀缺。	劝导	2001 年
心流理论	Mihaly Csikszentmihalyi	个体将自身所有的意志都投入某一行动之中，并在这一过程中感受到强大的充实感。依照这一思想，个体是否会沉浸在某一行动之中，其决定性因素在于行动的技巧性以及挑战性。	心理、情绪、体验	2002 年
理性行为理论	Fishbein、Ajzen	个体心理层面产生的意志是引发行为的内在力量，而个体对于某一行为的态度和看法等是其意志的影响因素。主观规则则与个体对准则的认识、与他人保持一致的动机水平有关。	行为、动机	1975 年
计划行为理论	Ajzen	个体感知行为控制也是行为倾向的重要影响因素。感知行为控制包含两个基础构成部分，分别是控制信念和感知促进要素。	感知、动机、行为	1988 年

在交互设计领域之中，我们需要高频运用心理学和行为学等领域的理论。行为学和心理学科在研究人的动机和心理机制上有完整研究方法和理论基础。因此，在研究一类人群的行为之前，我们必须先分析他们所涉及的场景和心理动机。动机理论最早由 Deci 和 Ryan（1985 年）提出，也称"自主性理论"。自主性指的是个体可以依照个人意愿进行决策的水平，个体所拥有的自主性越强，就越能够有力控制外物。自主性的强弱，也会影响人的行为能力对外界环境的适应度。自主性越强的人对外界的适应度越高，相反，自主性越弱的人受外界的限制性会越强。

在对特殊旅客的研究中，自主性和心理动机的机制也起着重要的作用。以往，设计研究学者常常把重点放在社会对残障人士的"歧视"上，用特殊性看待残障人士的特殊需求。但从行为学研究来看，残障人士对障碍状态的感受应该分成两个层面理解。一方面是生理障碍方面，他们从功能层面感受到的行为障碍性。另一方面是心理层面，他们感知的外界对他们障碍情况的态度。20 世纪 80 年代，针对残障人士在社会中感受到的身心障碍体验，英国学者 Oliver 和 Zarb 提出：障碍者之所以经历"障碍经验"，关键在于社会在结构和制度建设方面存在不足。他们认为障碍不同于损伤，它是外部环境对障碍者施加的不利因素，是结构层面的阻碍成分。假如能够将这些障碍剔除，那么社会就不再会阻碍障碍者的发展。因此，本书也在心理学和行为学的研究基础上，希望通过对外部社会环境和结构限制的研究，最大限度地减少特殊旅客产生被社会"歧视"的体验。

第二节
被边缘化的出行服务体验

如前所述，机场是一个高度复杂的整体，机场服务的重要性不言而喻。在社会影响力上，机场服务是社会中"社会公平""社会文明"具体体现的一个典型场景。因此基于机场服务的公共服务设计研究对于其他领域的公共服务规划与实施具有重要的借鉴和指导意义。机场场景具有特殊性与典型性，集中了社会生活中众多的角色关系、利益需求，是各种社会矛盾汇集和交叉的典型场景。另外，与普通的政府公共服务有所不同，一般性的政府公共服务带有强制性质，如纳税、民政、交通、安全等，这种类型的政府公共服务更强调服务机构的主体性，如"纳税是每一个公民的义务"体现出税务局的税宣工作更多的是劝导。而在机场等公共服务机构中，服务提供机构的地位和角色是弱化的，服务链条中的用户才是主体。因此在这一服务系统中，我们需要更关注用户的感受和体验，以出行的用户为中心进行服务系统的设计和改良。同时，机场服务和普通商业服务之间也存在一定的差异性，机场的服务因为安保等原因又具有部分强制性的流程和制度，并不能完全地根据消费者的意愿而行事。

在文化性上，机场对于外界是一个窗口性的单位，它体现了一个地区和社会对于各个族群、文化、阶层的价值观和包容度。因此，对于机场这样一个角色多样化、利益交叉、流程复杂的服务系统，我们需要从文化、用户心理、行为流程等多方面、多角度入手进行结构和再设计。

在机场场景的特殊性上，作为交通枢纽的机场具有与一般社会公共服务场景不一样的特点。它包含了文化、交通功能、社会形象等多个要素的统一。而且作为现代的交通枢纽，它不仅仅需要考虑到人们在机场中的出行效率、通过率、容积率，还需要考虑人们在出行过程中的休闲、购物、商务等行为，以及在这一过程中获取的心理层面的感受，因而作为城市名片的机场服务，其出行体验必然成为人们关注的焦点。

一、机场服务——从关注功能到关注体验

纵观国内外研究学者对于交通枢纽中体验设计问题的研究，大部分学者的研究范畴都经历了从"功能"到"感知"的跨越。从 20 世纪 90 年代开始，他们针对机场服务体验问题开展探究。一开始，学者主要从旅客需要以及流程感知的角度入手加以研讨。进入 21 世纪，随着服务业的兴起，服务设计、体验设计意识在服务行业中被广泛接纳，学者开始以旅客体验为基础探究机场服务品质这一问题。Gkritza（2002）调研和分析了美国乘客对机场安检的满意度。Correia 和 Wirasinghe 根据他们对巴西圣保罗机场的调研，开发了基于用户感知的机场服务标准，系统性地统计和分析值机服务等待时长、服务时长等数据。Eboli 和 Mazzulla 研究了机场空间中的触点，并且分析了机场空间各个触点对于用户感知的重要性等级。根据他们的研究得知，乘客对机场的外观、机场广告牌、导向指示牌等触点的乘机体验感知不强。虽然有多位学者已经从用户体验的角度开始了对机场场景的服务研究，但他们的研究均基于对机场运输能力合理性、功能性、时效性，以及对空间触点的感知之上，并没有从服务的角度去理解乘客在乘机流程中的心理感知体验问题，也没有从乘客心理感知层面出发去解决服务流程和服务环节中的问题。而服务的核心在用户，如果服务研究不能从用户体验出发，那必然在后续的研究中陷入误区。

我国学者从 20 世纪 90 年代开始进行航空服务质量标准化的研究。至 2000 年，我国航空服务从业者提出了以建模的方法建立机场候机楼服务的标准。从整体的研究看，我国对于机场服务的研究还比较初步，并没能从用户体验角度出发对机场服务系统、服务触点、服务流程进行整体把握。国内研究学者对于机场的研究焦点还停留在安检、候机大楼、旅客通过的时效性等局部领域，并没有意识到对于出行旅客来说，每一个触点都是碎片化的，而出行流程体验是整体的。整体的出行体验来自旅客对每一个服务触点感知在用户感知层面的缝合。因此，机场的研究应以用户体验为出发点，并且最终回归到用户体验评测作为终点更为合理。

二、机场服务系统体验碎片化问题

一直以来，产品的用户体验都直接产生于用户与产品的交互过程当中。比如我们对熟悉的消费电子产品，如手机、电脑等的体验往往取决于用户在使用产品过程中的感受。这样的过程是简单而且直接的。但是在服务系统中，用户的体验就变得复杂而多变了。服务系统是一个由多个触点组成的复合系统。服务系统中由服务流程串联起了不同的场景、空间、触点等环节，而用户在每一个环节当中的交互都是相对独立的。就拿我们正在研究的机场服务系统来说，旅客的出行流程就包括了旅客值机、安检、候机、到达等不同的场景。而每一个场景中又包括不同的空间，比如值机场景会包括值机登记和行李托运等不同功能空间。针对不同的旅客类别，同一场景中的空间形态可能还有更多涉及。可以说在同一个服务系统当中，每一个用户获得的感知都是不同的。而且每一个环节因其服务特点、触点交互特性的不同，又会带给用户不同的体验感知。用户在完成整个服务流程的过程中是难以整体对服务系统的体验感知进行捕捉的。他们只能模糊地通过服务系统中的每一个服务环节，把各个服务环节中的服务感知"拼合"在一起，从而形成自己对服务系统的模糊认知。通常这样的服务认知是由服务系统中的短板决定的，而且它具有非常强的碎片化特征。各个服务触点体验在用户内心当中是难以拼合成一个整体的。因为各个碎片化的触点之间并没有整体的体验设计，也没有针对每个触点的体验进行前后衔接关系、递进关系等的配合与设计。所以最终的服务系统的整体体验在用户内心当中依然是碎片化的。而这一碎片化的问题为当下的服务产业的用户体验提升带来了非常大的问题。通过日常的案例实践与研究，我们看到许多的企业虽然在服务系统的单一触点上不断投入、打磨，但高额的投入却并不能带给用户体验提升的感知，也不能为企业换取企业服务的良好用户口碑。其问题的核心就在服务体验的碎片化上。

三、研究思路及框架

本书把服务系统中与服务场景相关的服务空间、服务触点元素进行整合，并且对比研究服务系统的构成和服务流程要素，从系统设计的角度对服务侧的服务体系进行系统的研究，构成机场交通枢纽"服务机能"的评估。服务机能的提出是后续服务能力的基础和保障，只有具有服务机能的服务系统才能提供合格的服务品质和保障，在此基础之上才能谈及更好的服务体验。

本书以交互设计理论框架为指导，用量化研究来对比研究旅客体验与行为、行为方式与预期、人机交互关系与任务目的几组相关因素的关系。从客观数据与主观判断两方面获取用户在机场枢纽中出行行为的内在心理及行为动因，希望能准确地捕捉行动障碍人群在机场出行中的需求点。在研究的过程中，笔者选择将定性研究与定量研究加以结合，并将"服务满意程度"作为着手点对机场服务部门的服务能力、服务过程展开研究，并剖析行动障碍人群在机场出行行为中遇到的痛点、堵点，进而系统地分析行动障碍人群在机场出行过程中的心理、生理和行动障碍性问题。笔者将整合的方法系统用在机场行动障碍人群出行服务当中，以验证本书中设计方法的有效性（见图 1-1）。

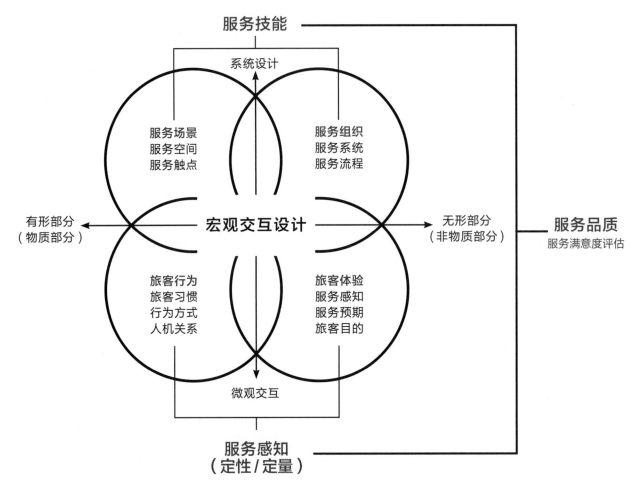

图 1-1　本书设计方法的框架与思路

第 2 章

行动障碍人群机场出行交互行为特征

第 2 章

第一节
行动障碍人群概念

一、起源：从疾病归因到公平意识

最早的关于残障的研究是从疾病分类研究开始的。彼时，研究学者并没有把残障问题纳入社会服务的范畴，社会上的主流意识认为残障问题属于"患者"的个人问题。1893 年，国际统计协会在会议上提出了《国际死亡原因分类》（International List of Causes of Death），从统计学的角度为身体功能与疾病分类进行了第一次的区隔。由此，残障和疾病所致的生理功能缺失成为一个特殊的社会群体，ICD 分类标准就此诞生。1900 年，巴黎召开了第一届《国际死亡原因分类》修订会议，并决定每十年修订一次分类。1948 年，第六次修订（ICD-6）发布时，世界卫生组织（WHO）全权接手分类工作，并将名称改为《国际疾病、损伤和死亡原因分类》（International Classification of Diseases, Injuries and Causes of Death），简称《国际疾病分类》（International Classification of Diseases，简称 ICD）。ICD 作为世界卫生组织国际分类家族（WHO-FIC）中两个核心分类之一，主要是对关于损伤、疾病、健康问题以及死亡原因进行分类和统计。它依据病因、部位、病理和临床表现这四个特性，形成一个多轴心的分类系统，是国际通用的疾病分类方法。在几十年的医疗发展过程中，国际医学界对残障问题的理解还是集中于"医疗思维"当中，强调医疗的"治病—救命"思维。随着社会科学的发展，以及公民个人意识抬头、平权运动的发展，人们对障碍性问题的看法逐渐由医疗领域的"治病—救命"思维模式转向生物学的"生物—心理—社会"思维（Biopsychosocial Model）。大众对待残障问题的看法也从医学领域对器官功能的缺失和能力评估，转向社会学领域对个人的心理、社会衔接各个功能部分是否"健康"的"水平"评价。社会的发展最终推动了《国际功能、残疾与健康分类》（ICF）的诞生。

2001年5月22日，为了描述和衡量健康与残疾的国际标准，第五十四届世界卫生大会上通过了《国际功能、残疾与健康分类》（简称 ICF）决议。基于"生物—心理—社会"模式，《国际功能、残疾与健康分类》由两大部分组成：背景因素（Contextual Factors）、功能与残疾（Functioning and Disability）。其中，功能与残疾被视为是健康状况与背景因素（环境因素和个人因素）相互作用的结果。从身体、个人和社会三个角度上看，功能与残疾分别为功能统称的积极层面和消极层面。残疾被定义为损伤（Impairments）、活动受限（Activity Limitations）以及参与限制（Participation Restrictions）的统称。

- 损伤：身体功能或结构方面的问题，例如明显异常或缺失。
- 活动受限：个人在执行任务或行动时会遇到困难。
- 参与限制：个人融入生活环境存在问题。

在这一阶段中，人们对健康的概念也从 ICD 时代的"消除疾病"，转向了通过综合、协调地应用各种措施，消除或减轻病、伤、残者身、心、社会功能障碍，达到和保持生理、感官、智力、精神和社会功能上的最佳水平。这一水平被描述为"健康"——无论个体的功能是否缺失，通过借助某种手段，改变其生活，增强自立能力，让病、伤、残者重返社会。

在社会中，"特殊旅客"所指向的是社会中的"障碍者"，例如老人、妇女、幼儿等。在以往的认识中，这类的人群与社会中大多数"大众"是分离开来的。对特殊旅客的思考和设计，被大众认为是为"你们（残障人士）"设计，而不是为"我"设计，所以那不是"我"的问题。这种观念衍生于将障碍经验归类为社会中占少数的特殊人口的人生经验，同时推论实践障碍者社会参与的责任是移除外部社会的各种障碍，而所谓的无障碍设施就属于由社会观点出发的相对应的公共政策。在这一思考模式中，特殊旅客的需求是与普通的大众需求相对立的。社会学家指出，政府介入公共政策的主要判断原则应该是，区分问题的本质究竟是属于"个人困扰"还是"公共问题"，以问题的本质是否属于公共性质作为是否需要介入公共资源的依据。他们的论点提出时正值 20 世纪 60 年代，美国社会正经历第二次世界大战后来自社会各个领域的挑战。这一观点为我们提供了一个可以参考的依据，就是对公私领域的想象与论述，尤其是这个分野作为公共政策介入的基础。因此，即使他对未来社会的想象与当时的社会学界关注点不大相同，但以他的研究观点来说，我们进行了这样的一种讨论：究竟自由、无障碍地使用公共空间是一种个人权利的彰显，还是一种公共责任的展现？如果没有公共资源的投入和政策导向，个人无障碍地使用公共空间的愿望几乎是没有可能实现的。但我们究竟如何确立个人权利与公共空间之间的关联，这个问题成为当时社会学者思考的重点。我们如何证明个人身心障碍状态会成为阻碍与影响个人福祉的来源？这个问题成为当时道德哲学家反省个人自由主义与思考所谓个人能力与权利形式两者关系的核心概念。换句话说，障碍者因为身体、心理状态而局限了他们实践个人自由的可能，进而被社会排斥，成为边缘人口。从这一观点看来，障碍者需要从自身出发提升自己的能力，弥补自身的不足，以尽力迎合社会大众的行为"标准水平"，避免被社会排斥。

障碍者在社会生活中的障碍性问题归因，一直以来是学界争论的焦点。障碍状态究竟会怎样影响身心障碍者的福祉，目前最充分、最完整的论述来自英国学者提出的障碍经验的"社会模式"观点。英国学者奥利弗和扎布在 20 世纪 80 年代针对残疾人反隔离联盟（Union of Physically Impaired Against Segregation）发表了政策宣言。他们认为，障碍者之所以经历"障碍经验"，问题在于外部社会环境的结构性因素与各种制度及环境的安排忽略了社会特殊人口的需要与问题，以至于障碍者被排除在各种自我发展的社会情景与制度之外，成为社会歧视与偏见的受害者，从而被社会隔离与边缘化。采取外部社会结构观点论述障碍经验，被归类为所谓障碍观点的"社会模式"。它带动了第一代英国障碍者运动的发展。社会模式的贡献不仅在英国，在《联合国障碍者权利公约》的草拟与讨论过程中也带来了非常具体的贡献。《联合国障碍者权利公约》从制度、结构与外在环境三方面着手，减少障碍者社会参与的障碍因素。英国学者巴恩斯和墨瑟认为，《联合国障碍者权利公约》的障碍论述采用二元对立论点讨论身心障碍经验。这个模型中只有损伤（Impairment）与障碍（Disability），且在论述时采取医疗与社会两者对立的立场。所谓二元对立是指在身心障碍概念架构中，损伤是属于个体医疗层次的问题，障碍则是外部社会加在个体经验之上的结构限制，两者是对立且二元的概念。这个论述最主要的理念是，如果社会移除所有外部的结构限制，障碍经验就会消失，这通常被称为身心障碍经验的社会观。从此，无障碍的概念从早期的硬件建设逐步朝向更多元的社会制度面转变，公众对无障碍的认知态度也有了真正的转变，真正使空间问题、服务问题成为公共问题。对障碍问题的归因，最终导致了"通用"意识的兴起。同时，通用意识逐步将障碍问题的归因从原先被视为个人悲剧与命运的障碍者生命经验，转换为外部社会层次无法满足其需求所形成的对身心障碍者的结构性排斥和歧视。

二、定义：概念及比较

对障碍概念归因思维方式的改变，推动了社会对障碍问题和社会服务规则的态度发生了转变。在国际领域中，与残障相关的问题从原属的医疗领域跨越到了社会生活的公平性认知领域，对残障问题评价的维度也从个体机能层面上升到个体公民在社会生活中的融合性层面。从 1980 年至今，国际上对残障问题的定义和规范不断在更迭，而国内在相关的定义和认知上具有明显的落后性。

我国虽然在残障问题的归因及对障碍人群社会生活中的思考上没有进行更多的迭代，但对残障及残疾有了明确的分类。2011 年 1 月颁布的残障分类和分级制度国家标准《残疾人残疾分类和分级》阐明，"残障"指的是因为个体身体结构、功能的损害造成的活动受限及参与局限；"残疾"指的是在精神、生理、人体结构上，某种组织、功能丧失或障碍，全部或部分丧失从事某种活动能力的人。也就是说，残疾人群包括了残障人群，而残障人群并不等同于残疾人群。残障人群所指的是人体运动系统的结构、功能损伤造成的四肢残缺或四肢、躯干麻痹（瘫痪）、畸形等导致人体运动功能不同程度丧失以及活动受限或参与局限的人群。本节之所以没有把所有的残疾人群纳入研究范围，是因为残疾人群包括更广泛的精神、生理等功能缺失所造成能力障碍的人群。这类人群患者在认知事物、心理因素、行为方式上与健全人群有一定的差异性。因此他们的出行、生活起居都必须有健常人士进行辅助。同时，这种差异性所带来的障碍问题并不是本书能加以解决的。

1. 国际定义

1980 年，世界卫生组织制定并公布了第一版《国际残损、残疾和障碍分类》（*International Classification of Impairment, Disability and Handicap*，简称 ICIDH），它是一种对疾病造成的健康结果进行分类的体系，这种分类不仅注重残疾，而且注重残疾的转归和结果。ICIDH 的意义在于清楚地阐明了残疾的三个水平（即残损、残疾、残障），如图 2-1 所示。

疾病（Disease）或异常（Disorder）→残损（Impairment）→残疾（Disabilitie）→ 残障（Handicap）

图 2-1　ICIDH 概念模式图

然而随着现代医学和信息技术的迅猛发展，医疗卫生服务在不断完善，医疗的目的不仅在于延长人们的寿命，更重要的是提高人们的生活质量。在此基础上，原有的分类体系已经不能满足残疾分类发展的需要，人们需要修订和建立一个新的理论模式和分类系统来适应现代社会医疗卫生的发展。

修订工作经过世界卫生组织的十年协调，世界卫生大会于 2001 年 5 月 22 日批准制定了《国际功能、残疾与健康分类》。如图 2-2 所示，ICF 分别由身体功能和结构、活动（与个人的任务和行为有关）和参与（与生活状况有关）以及背景因素（环境因素和个人因素）三个模块共同构成残疾的定义，提出了多维度的残疾概念。三个模块共同构成了对残疾人群健康状况的评估，ICF 作为世界卫生组织的核心分类之一，在医疗、教育、研究和统计方面都得到了广泛的应用，并且它提供了一种标准化的语言，使世界上不同学科与专业领域的专家能交流有关卫生与保健的信息。

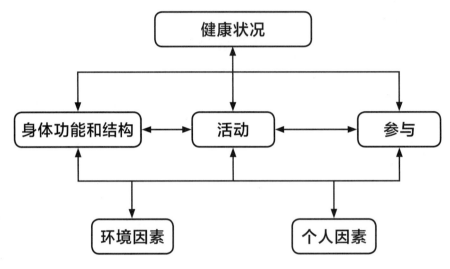

图 2-2　ICF概念模式图

功能和残疾被视为个人健康状况、环境因素以及个人因素之间的复杂相互作用。ICF 的分类方式将这些维度视为相互影响和动态的，它们不是线性或静态的。尽管 ICF 的分类方式不是一种测量工具，但它可以评估残疾程度。它适用于所有人，无论他们的健康状况如何，从身体功能、社会活动参与度、个人背景因素三个维度去评价一个社会中的个体在社会生活中的障碍程度具有积极的意义。这种分类方法摒弃了以往单纯从身体机能去评价一个社会个体参与度的标准，在社会公平等方面具有积极的意义。同时，它也能从社会层面为更多的弱势群体提供更广泛的社会服务和关注。例如，贫困家庭中的老弱人群，虽然家庭成员在身体机能及活动能力上都具有完整性，但就个人背景及社会环境为他们带来的社会生活中的障碍性而言，可能较一个在富裕家庭中的残疾人更加大。

ICF 将分类体系分成了部分、成分、结构、领域和类目等分类范畴。其中，部分是分类体系最高范畴，它包括了两个分类：第一部分是功能和残疾，第二部分是背景性因素。成分是部分的构成：第一部分是身体功能和结构以及活动和参与，第二部分是环境因素和个人因素（其在 ICF 中没有进行分类）。结构是成分的下一级构成：第一部分有四种结构（身体功能的改变、身体结构的改变、活动能力和活动表现），第二部分是环境因素中的有利因素或障碍因素。领域是和生理功能、身体结构、活动能力相关的有实际意义的集合，在各种成分中构成了不同的章和节。类目是分类单位，是在一种成分的领域中的分类和子分类，如图 2-3 所示。这些分类范畴互不重叠，根据上下关系形成层级结构，共同构成 ICF 的分类体系。

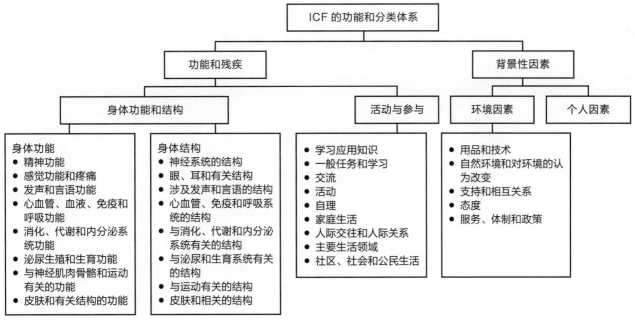

图 2-3　ICF分类体系图

2. 国内定义

2011 年，国家标准化管理委员会、民政部、中国残疾人联合会共同发布的《残疾人残疾分类和分级》是关于残疾种类和等级划分的首个国家标准，主要公布了残疾人残疾分类和分级术语和定义、残疾分类和分级及代码等。

《残疾人残疾分类和分级》国家标准按照人体运动功能丧失的部位和数量、行为活动受限（不佩戴假肢、矫形器及其他辅助器具）以及功能障碍程度综合考虑，评判其实现日常生活活动（Activities of Daily Living，简称 ADL）的不同能力，对肢体残障做了四个维度的分级：残疾一级、残疾二级、残疾三级和残疾四级。残疾一级为极重度，残疾二级为重度，残疾三级为中度，残疾四级为轻度，如表 2-1 所示。

表 2-1　肢体残疾分级

残疾分级	残疾一级	残疾二级	残疾三级	残疾四级
定义	不能独立实现日常生活活动，并具备下列状况之一	基本上不能独立实现日常生活活动，并具备下列状况之一	能部分独立实现日常生活活动，并具备下列状况之一	基本上能独立实现日常生活活动，并具备下列状况之一
特征	四肢瘫：四肢运动功能重度丧失； 截瘫：双下肢运动功能完全丧失； 偏瘫：一侧肢体运动功能完全丧失； 单全上肢和双小腿缺失； 单全下肢和双前臂缺失； 双上臂和单大腿（或单小腿）缺失； 双全上肢或双全下肢缺失； 四肢在手指掌指关节（含）和足跗跖关节（含）以上不同部位缺失； 双上肢功能极重度障碍或三肢功能重度障碍。	偏瘫或截瘫，残肢保留少许功能（不能独立行走）； 双上臂或双前臂缺失； 双大腿缺失； 单全上肢和单大腿缺失； 单全下肢和单上臂缺失； 三肢在手指掌指关节（含）和足跗跖关节（含）以上不同部位缺失（一级中的情况除外）； 二肢功能重度障碍或三肢功能中度障碍。	双小腿缺失； 单前臂及其以上缺失； 单大腿及其以上缺失； 双手拇指或双手拇指以外其他手指全缺失； 二肢在手指掌指关节（含）和足跗跖关节（含）以上不同部位缺失（二级中的情况除外）； 一肢功能重度障碍或二肢功能中度障碍。	单小腿缺失； 双下肢不等长，差距大于等于 50mm； 脊柱强（僵）直； 脊柱畸形，后凸大于 70 度或侧凸大于 45 度； 单手拇指以外其他四指全缺失； 单手拇指全缺失； 单足跗跖关节以上缺失； 双足趾完全缺失或失去功能； 侏儒症（身高小于等于 1300 mm 的成年人）； 一肢功能中度障碍或二肢功能轻度障碍。

综上根据肢体残疾分级的标准，一、二级的残疾障碍等级最高。一、二级残疾障碍人士基本不能进行基本的生活自理，因此在日常的生活中基本需要日常护理服务及照顾。一、二级残疾障碍人士基本很难独立出行或者负担出行所带来的生理和心理的负荷，因此我们并不把这个等级的残障人士纳入公共出行系统的一般性服务人群当中，而三、四级残疾障碍人士是具备部分行为能力的人。在当下科技条件下，为残障人士提供的辅助性义肢已经具备了替代正常肢体的行为功能，比如说抓握、感知、行走等。因此，这类人群在心理特征、认知能力、判断力上与健常人群无异，只是在行动能力上稍微欠缺。通过外部环境和辅助设备的帮助，这类人群是能够融入正常的社会生活的。因此，本书把研究的对象聚焦到行动障碍人群当中。从服务系统的角度，我们已有的服务系统只需要稍做提升和改变就能容纳原来被社会边缘化的部分"行动障碍"人群。在强调体验的当下社会环境中，这一研究将会成为公共服务设计新的亮点。

在国内的通用定义当中，"行动障碍"与"行为能力"两者的定义是不同的。"行动障碍"是指行动能力上欠缺的残障人群，但他们的心智模型是健全的，能够完整地参与到社会活动当中。我们只需要提高社会服务的包容性，就能够更好地提升他们对社会中各个公共服务领域的体验和感知。"行为能力"则指向的是行为能力的缺失。而行为能力在法律及社会层面更多地指公民个体的理智健全、精神正常的权利能力者。"行为能力"的缺失，造成的原因可以是多样的。比如精神疾病、法律上判决的行为能力限制等都可以造成行为能力的缺失。因此，"行为能力"指向的可能不是行动能力缺失带来的行动障碍，而是与精神和法律强制手段相关致使的行为限制。在机场场景中，行为能力被限制的人群是不能独立乘坐飞机出行的。为此，本书将针对行动障碍人群的机场服务中的交互设计展开论述。

3. 国内外行动障碍概念的对比

残障人士作为弱势群体，在社会生活中往往遭受不公平的待遇，因此相关行业的残障标准既保证了残障人士充分享有平等权利，也保障了残障评定的公平性和一致性。联合国统计署已将 ICF 作为残疾统计的国际标准，同时在《世界残疾报告》中也建议全面采用 ICF 作为残疾评估和统计的方法，建立国际性的术语系统。然而由于不同国家的文化和行业标准对残疾的认知和评定不同，残疾标准采用的是不同的术语系统与分类体系，各个标准之间缺乏一致性，使得残疾标准的实施和应用存在一系列问题。因此，对比分析国内外残疾分类标准，我们能够清楚地看到中国残障分类和国际分类标准的差异性，这对制定国际性的政策和研究有促进作用，可以满足世界各国残障人士的需求，保障他们的利益。经对比研究发现，中国残障分类和国际分类标准的差异性主要体现在以下三个方面：

● 颁发时间不同

中国颁布的《残疾人残疾分类和分级》是在 1980 年颁布的第一版 ICF 的基础上于 2011 年制定的，至今未做更新；而 ICF 最早是 1996 年世界卫生组织制定的新的残疾分类系统，2001 年更改了第二版并沿用至今。《残疾人残疾分类和分级》较 ICF 制定时间晚，且由于是在 1980 年第一版的基础上制定且再无更新，在对残障问题的认知和定性上具有一定的落后性。

● 分类方式不同

《残疾人残疾分类和分级》的残障分类方式是按照精神、生理、人体结构或某种组织、功能丧失或障碍等来划分，主要还是以病理性造成的健康问题进行分类；而 ICF 则依据的是在身体、个体和社会水平的健康状态下所发生的功能变化及出现的异常，强调的是非健康状态的结果。《残疾人残疾分类和分级》的分类标准未把疾病和社会相关因素导致的障碍分开，和人们对残疾认知的提升而发生的社会变化是不相匹配的，因此这种分类标准是不完善的。

● 出发点不同

《残疾人残疾分类和分级》旨在更好地分析由于人们身体疾病以及因此而造成的可能的日常和行动障碍，它以保障和维护残疾人的权益的角度，加强残疾人服务体系建设为目的，提出"制定国家残疾标准，建立残疾报告制度，加强信息收集、监测和研究"。而 ICF 是从为了让残疾人融入社会的角度出发，把残障问题看作社会问题，因此它的分类中残障问题不单单是个人的状态，而是将个人因素和环境因素相结合，残障问题已然从个人转向了人与社会结合的状态。

三、发展：服务体验的价值和意义

如前所述，社会平权运动的发展和公民意识的抬头，让社会公平意识成为现代社会中的主流意识。对弱势群体社会权益的关注，以及对社会中弱势群体的利益保障成为衡量特定的社会团体文明程度的标志。

随着社会的发展，社会弱势群体的权益反映已不局限于老生常谈的生存权益、公民权益、社会利益等方面。在体验成为人们在商业社会中普遍追求的"感性目标"的当下，为社会中的弱势群体创造良好的体验感知应该是他们能与社会产生"共情"，让他们感知社会对他们情感的关注与重视的重要途径。在当下的商业社会中，功能化、效率化已经逐步让位于产品和服务的"感知体验"，用户越来越愿意为良好的体验而付费。就如星巴克的咖啡产品，就是凭借其体验感在竞争激烈的咖啡红海市场中获得巨大的竞争优势，长期保持优渥的产品利润从而让企业在市场竞争中保持优势。可以说，当下全球成熟的市场经济经过了物质稀缺的时代，以及"二战"后工业化的突飞猛进的发展进入了物质丰裕的时代。用户对产品和服务的要求有了本质的改变。人们已经不再满足于简单的功能性产品，转而对产品给人带来"美""舒适""轻松"等的感受和体验更为青睐。因此，市场上出现了大量以生活美学、体验感知为主要卖点的产品和服务。相较于大众市场的发展趋向，社会弱势群体的商业服务发展显得更为滞后。大部分针对行动障碍人群的商业服务还是聚焦于解决相关群体的基本功能及服务效率、可靠性问题。而对于行动障碍人群的体验感知的研究乏善可陈，更不要说以体验作为卖点为行动障碍人群设计的服务系统了。可见，在服务系统的设计当中，与行动障碍人群相关的研究是断裂的而且严重滞后于社会和市场的发展进度。

可能有很多从业者会从商业的角度批驳在商业效益及服务实践中对行动障碍人群的商业投入。的确，对行动障碍人群的商业投入的投资回报效益明显会小于对大众健常人群的投入，但是，当我们把角度从单纯的商业回报转向品牌价值及社会价值回报时，我们可以看到对社会弱势群体的投入回报却是巨大的。一方面通过对行动障碍人群的体验关注，企业可以在市场上树立良好的口碑和品牌形象。它有利于促进企业的社会形象的正向塑造。另一方面，从人们的行为模式看，当下的行动障碍人群已经不仅限于"生理障碍"的残疾人群。在日常生活中，我们常常会因为环境影响而具备了"行动障碍特征"。比如在机场出行过程中，我们因为手持行李过多而造成的行动不便，或者母亲带着婴儿造成的障碍性行为等。这些行为都是暂时性的，而且都不是因为用户的生理因素造成的行为障碍性。但是，这些行为却常常出现在我们的生活当中。因此，如果我们能够更好地服务行动障碍人群，那同时必然能更好地应对健常人群的突发"障碍性"问题，解决他们因为突发障碍性问题而带来的尴尬。这样的感知和体验所带来的用户口碑传播必然能为企业的品牌发展提供高价值的促进和动能。

第二节
出行服务场景的特殊性

一、机场交互场景的组成

1. 机场的服务空间

场域空间具有空间性、关系性这样的普遍共性，但是每个场域亦分别具有个性特征，也就是具有相对的自主性。布尔迪厄指出，"在高度分化的社会中，社会的和谐统一是由一些相对自主的社会的微观世界组成的。社会的微观世界就是客观关系的空间，是逻辑和必然性的场所。这一逻辑和必然性对于那些控制其场域的因素来说是特殊的、不可忽略的"。在布尔迪厄的论述中，他把艺术场、宗教场和经济场域进行分别的阐述。艺术场是通过排斥或去除物质利润的法则来构建自身的。而经济场域中奉行的是一种普遍性的规则，这种规则就如我们常说的"公事公办"的原则一样，把人的感情因素排除在场域规则之外。各个场域的规则都是相对独立的。这源自现代社会的社会分工和劳动协作的背景。根据法国社会学奠基人涂尔干的理论，随着社会的发展，社会密度（即在等量容积中实际上相互联系的人数）和社会道德增长，社会角色体系也随之产生更多的分化。它同时导致了社会规范和价值观体系的变化。这一变化在社会形态之中就体现为社会分化、劳动分工协作的社会现象。这一现象在社会中的反映就是团体意识的瓦解，以及集体意识逐步让位于个体意识。个体意识的强化让社会服务系统中的各个利益个体之间的竞争显得尤为明显，就如医疗系统中的医患关系、消费系统中不断出现的维权现象等。要妥善处理复杂服务系统中的矛盾，光靠重新设计流程和优化服务触点是不够的，应该从根本上对服务系统中的每个利益个体的需求进行分析和梳理，并且有序地对各个利益群体在服务系统中的话语权及角色关系进行加权分析，从而优化服务系统中的利益结构和关系。这一特殊的利益结构关系就是场域的特殊性和自主性的体现。

在机场这一场域中，机场空间与各类用户的行为紧密相连。机场各个服务空间的布局与机场整体服务流程直接相关，在有限的场地空间中从宏观到微观的布置，功能分区的位置调整空间尺度、空间布局等因素的设计，主要体现的就是机场服务空间的连通性和可靠度。它与机场整体服务流程的联系更多地体现在用户在机场场景下的行为动线中。考虑到用户行为的不确定性，机场各个服务空间布局的规划需以机场整体服务流程为基础。机场航站楼的布局形式与乘机服务的设计息息相关。常见的航站楼基本构型模式主要有五种类型：简单式航站楼、摆渡车式航站楼、前列式航站楼、子廊式航站楼、卫星厅式航站楼。而不同的航站楼构型模式主要影响了候机空间与登机方式。

机场乘机服务所涉及的流程空间主要位于航站楼的主体建筑。因此，我们在对机场的流程空间分析过程中主要以机场乘机服务流程为导向，研究与乘机服务中主要的流程空间。国内出发旅客到达机场后，接受防爆检测、值机与托运行李、安检（包括私密检查）等流程空间主要分布于航站楼的主体建筑，而候机、登机等流程空间则位于航站楼的候机区，安检区成为航站楼主体建筑与候机区的分割点。而机场流程空间的布局主要以功能为分区，国内出发旅客完成乘机服务主要经过防爆检测区、航班值机岛、安检区（包括私密检查室）、候机区，然后到达登机口登机。

《中国民用机场服务质量评价指标体系》将残疾人、携带婴幼儿旅客、无人陪伴旅客、携带人体捐献器官旅客、老年人（60岁及以上旅客）、军人和其他特殊旅客统称为特殊旅客。民用机场在乘机流程中为特殊旅客开辟了无障碍柜台与通道 [无障碍柜台（低位柜台）、无障碍安检通道等] 及相关的无障碍设施（无障碍标识、无障碍洗手间、无障碍饮水机、残障人士专用座椅、无障碍电梯、无障碍停车位等）。同时，面向初次到达机场、对机场空间或乘机流程不熟悉的旅客，或需办理特定业务的旅客，机场提供了问询服务（问询区）。

（1）防爆检测区
所有旅客（包括未乘坐飞机的旅客）在进入机场时，机场工作人员使用专用试纸对旅客所携带的箱包、行李等物品进行取样后，使用爆炸物检测仪进行检测，以拦截可疑人员、可疑物品进入机场航站楼。

（2）问询区（图2-4）
出发大厅的问询区主要为旅客提供航班查询、柜台指引、轮椅服务、疑难问题解答等服务，由综合服务柜台、问询柜台和旅客服务中心的一项或多项构成。问询区提供的服务独立于国内出发旅客的乘机服务流程，是机场提供的辅助性服务。综合服务柜台除了提供问询服务外，亦提供特定的业务办理。问询柜台与旅客服务中心则是为旅客提供问询服务，无特定的业务办理服务。基于机场无障碍服务的规定，问询区中的柜台均需设置无障碍柜台，即低位柜台。

a）综合服务柜台

b）旅客服务中心

c）问询柜台

图2-4　问询区

（3）值机与托运区（图2-5）

值机与托运区位于航站楼主体建筑的出发大厅，是旅客在乘坐飞机前办理乘机手续、打印登机牌和托运行李的区域。依据智能化的程度，旅客办理值机与托运手续可以选择自助办理或人工办理。依据用户群的生理特性与行为特性，特殊旅客办理值机与托运手续可以选择航班值机岛中的特殊旅客服务柜台进行人工协助办理。

a）自助值机

b）自助托运

c）普通人工服务柜台与特殊旅客服务柜台

图2-5　值班与托运区

① 自助办理：国内出发旅客在乘坐飞机前，可通过自助值机机器和自助托运机器自助办理乘机手续、打印登机牌与托运行李。现仅有部分公司提供自助办理的服务，例如中国南方航空、加拿大航空等。

② 人工办理：国内出发旅客在乘坐飞机前，前往航班值机岛人工服务柜台由航班工作人员代为办理乘机手续、打印登机牌和托运行李。人工服务柜台多为高位柜台。

③ 无障碍柜台：国内出发的特殊旅客在乘坐飞机前，前往航班值机岛特殊旅客服务柜台办理值机与托运手续，这是为特殊旅客开辟的专用服务柜台。相较于普通人工服务柜台（高位柜台），特殊旅客服务柜台设置了无障碍服务柜台（低位柜台）。

（4）安检区（图2-6）

安检区位于航站楼的出发大厅，是旅客进入候机隔离区候机的最后一个地方。机场安检主要是指即将乘坐飞机的旅客在登机前接受的关于人身与行李物品的安全检查。依据出发旅客的乘机目的地，安检区可分为国内安检区与国际安检区。依据出发旅客的生理特性，安检区分为普通旅客安检通道与特殊旅客安检通道，两者间的差别在于特殊旅客安检通道设置了无障碍柜台（低位柜台），且安检通道的宽度比普通安检通道宽。部分机场除了安检通道，还专门设置了私密检查室，对于部分未能直接在安检通道检查彻底或不方便在安检通道接受安全检查的旅客，则引导其前往私密检查室进行安全检查，例如穿戴假肢的旅客。

a）特殊旅客安检通道　　　　　　　　　　　b）私密检查室

图2-6　安检区

（5）候机区（图2-7）

候机区是旅客候机、登机的区域，提供了休息、娱乐、餐饮等服务。在候机区，机场为特殊旅客设置了残障人士专用座椅、无障碍洗手间、无障碍饮水机等设施，在登机口为特殊旅客提供优先登机服务等个性化服务，或是其他个性化服务。如南方航空公司与博爱公司联合规划了特殊旅客休息区，面向提交申请的乘坐南方航空的特殊旅客提供休息、登机口变更通知服务、登机通知服务和轮椅服务等。

a）残障人士座位　　　　　　　　　　　　　b）特殊旅客休息室

图2-7　候机区

2. 机场服务流程

航站楼空间的有序组织形成了旅客流程，而旅客乘机流程则为其中一种。机场乘机服务设计研究以乘机流程为主线，研究旅客在乘机流程中的乘机行为与遇到的障碍，旅客乘机流程为机场乘机服务设计的重要组成部分。现有旅客乘机流程为一种范式被广泛应用与熟知，为此国内机场航站楼空间的整体布局基本相似，局部因地制宜有所不同。

在物联网、智能化出行的大趋势下，机场引进了智能化设备与服务终端，实现旅客乘机流程的智能化与自助化。在此背景下，旅客乘机流程具有两种模式：自助乘机流程与人工乘机流程。这两种乘机流程主要区别在于乘客办理值机与托运的自助化和人工化程度。

（1）自助乘机流程

自助乘机流程可分为两种自助乘机方式：一是以通过机场提供的自助值机机器与自助托运机器办理乘机手续为主的乘机流程，二是以网上值机为主的乘机流程。本书主要论述以通过机场提供的自助值机机器与自助托运机器自助办理乘机手续为主的自助乘机流程，下文中提及的自助乘机流程亦指代这一乘机方式。

国内出发旅客的自助乘机流程如下：

旅客到达机场→接受防爆检测（出发大厅）→自助值机（出发大厅→航班值机岛自助值机机器）→自助托运（出发大厅→航班值机岛自助托运机器）→安检（安检区）→候机（候机区）→登机（登机口）。

（2）人工乘机流程

人工乘机流程，即以通过机场航班值机岛人工服务柜台办理乘机手续为主的乘机流程。国内出发的人工乘机流程如下：

旅客到达机场→接受防爆检测（出发大厅）→值机与托运（出发大厅→航班值机岛人工服务柜台）→安检（安检区）→候机（候机区）→登机（登机口）。

（3）自助乘机流程与人工乘机流程混合

自助乘机流程与人工乘机流程混合，即在乘机流程中通过自助值机机器办理值机，而通过人工服务柜台办理行李物品托运。两者混合的旅客乘机流程如下：

旅客到达机场→接受防爆检测（出发大厅）→自助值机（出发大厅→航班值机岛自助值机机器）→人工托运（出发大厅→航班值机岛人工服务柜台）→安检（安检区）→候机（候机区）→登机（登机口）。

结合上述三种乘机流程，机场乘机服务流程主体为值机与托运、安检、候机、登机这四大流程环节，每一流程中具体的细节如下：

● 值机与托运流程

值机与托运流程即打印登机牌、办理乘机手续、托运行李等。机场旅客进行值机与托运时可选择自助办理与人工办理。其具体的流程细节如下（图2-8）：

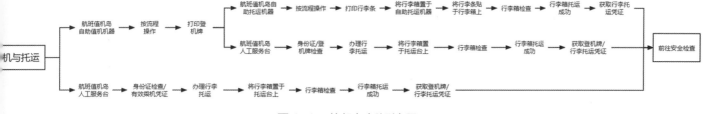

图2-8　值机与托运流程

● 安检流程

安检流程开始于安检通道，即登机前对自身与行李物品进行安全检查。旅客前往安检通道，在安检通道柜台处进行身份证/登机牌检查，再将随身物品送入安检机过检与人身检查，检查成功后方可离开。其具体的流程细节如下（图2-9）：

图2-9　安检流程

● 候机与登机流程

候机与登机流程可以认为是从安检通道离开进入隔离区时开始，从等候登机到登机的过程。候机区是集娱乐、餐饮、休息等于一体的区域。其具体的流程细节如下（图2-10）：

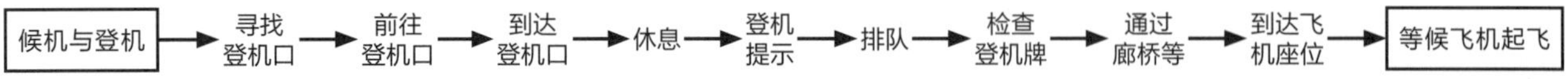

| 候机与登机 | → | 寻找登机口 | → | 前往登机口 | → | 到达登机口 | → | 休息 | → | 登机提示 | → | 排队 | → | 检查登机牌 | → | 通过廊桥等 | → | 到达飞机座位 | → | 等候飞机起飞 |

图2-10　候机与登机流程

3. 服务系统中的"人力"资源

如前所述，机场的服务系统是一个复杂的场域。在此场域中，服务系统是由服务空间、服务流程、服务人力资源及系统中各个服务触点所构成的。其中，人力资源是服务系统中最为稀缺的资源。在服务系统中，服务空间、触点都是有形的部分。它们以实体产品或者建筑空间形式存在于服务系统当中，但是空间和实体产品自身并不能完成服务流程，它们需要服务人员和配合服务前台的后台支撑人员参与到服务系统中，才能让整个服务系统运作起来。因此人力资源指的是服务系统中的软性的部分。它更多的是由服务人员组成的服务团队和体系。人力资源包括为顾客提供服务的一线资源与二线资源的总和。也就是说，服务资源包括一线资源和二线资源两个组成部分。一线资源指一线活动所需要的服务人员，二线资源指支撑一线服务活动所需要的二线服务人员、管理人员等。

在实际的服务系统运作中，服务人力资源的投入往往是不平均的。诚如布尔迪厄的场域理论所论述的，不同的利益相关方会依照自己的习惯、权利在每一个场域中寻求各自的诉求和价值，在机场场域中，就体现为各个利益相关方对机场服务资源的争夺。在机场服务中，不同的人群分享不同的服务模式。从VIP（贵宾类型）用户群体的服务到大多数健常人群的通用服务，以及社会少数群体的特殊旅客服务，机场管理者根据不同类型的人群制定了不同的服务系统和流程，同时也配备了不同的服务人力资源。首先，机场场域因为其经济体特性，也有其逐利的特点。因此，机场场域中配置的VIP服务资源是最为充裕的。国内部分机场的VIP服务人员与顾客比例甚至高达1:2的标准。其次，因为机场场域的公共服务特性，机场系统在大多数健常人群的通用服务上的人员投入，占据了整体服务人员资源的绝大部分。与服务空间和服务触点资源不同，服务系统中的人力资源的投入是一项持续性的高投入，不像服务空间和服务触点，只要一次性投入就可重复使用。正因如此，在调研中我们可以看到残障人群在机场出行过程中，虽然面对着多辆空置的轮椅，却往往要等上近半个小时让工作人员来帮他们办手续。

行动障碍人群机场出行整体性低的另一影响因素在于机场出行中相关资源配备不合理，导致服务过程中发生停滞。机场对于行动障碍人群机场出行问题的解决方式核心仍放在了服务人员服务方式上。

这种方式存在投入大且覆盖范围有限的特点，例如机场针对轮椅旅客的轮椅送机服务看似能准确快捷地惠及轮椅旅客，但实质上因人员配备数量、设备分布不合理导致调配资源成本过高等资源配备的问题，使得轮椅旅客在实际的服务申请及接受服务过程中，常常遇到轮椅短缺、等待服务人员等情况，一定程度上影响了其乘机的体验感。资源配备不合理还表现在行动障碍人群与健常人群之间的资源分配偏离实际使用情况。行动障碍人群由于整体基数较少，被分配的资源相对也较少，比如一个值机岛处通常只有一个特殊旅客人工值机柜台，而这个值机柜台不单单承担行动障碍人群的值机托运服务，而且也承担着其他特殊的健常旅客的服务，例如晚到旅客值机服务、携带儿童旅客值机服务等。这导致行动障碍人群的服务资源被占用，资源不能与行动障碍人群形成良好的对接。这就使得机场为行动障碍人群而推出的各项服务与建设看似全面，实则游离分散于行动障碍人群实际需求之外，无法实现供给与需求的对接，实际效益低下。

因此，在机场服务及资源规划中，机场应充分考虑行动障碍人群的使用情况并始终为其预留充足资源，且有关服务资源不得被占用，比如始终为残障人士预留其特定停车位、特殊服务窗口，并避免被非相关人员使用等。

4. 服务触点

在行动障碍人群的机场出行服务相关系统中，交互触点设置的数量、位置、质量，直接决定了用户的出行流程与体验质量。服务系统中的触点就是服务的界面。在产品设计中，用户和产品的界面是产品能够和用户进行交互的部分，比如手机产品中的视觉界面、交互大屏产品中的屏幕界面等。但在服务系统当中，用户和服务系统在不同的服务流程中存在多个不同的服务接触点。各个服务接触点存在于同一服务系统的不同服务流程、不同时空过程当中，它们与用户的接触过程是整体服务系统的局部。用户通过与系统中众多服务接触点的交互，形成多个碎片化的"体验"。而这些体验相互拼合而成的就是用户在"心中"形成的"服务体验"。用户对"服务体验"的感知是全局的，是模糊的，也是整体的。可能用户不会割裂地看待服务系统中每个触点的感知和体验，但其中一个触点的体验就会影响用户对整体服务的感知。

以广州白云国际机场为案例，他们在机场中的交互触点数量普遍更多，但触点位置相对零散和不集中，这种情况会导致空间导向信息的传达难度提高，行动障碍人群空间动线杂乱，出行耗时更长，服务体验质量下降。

如图 2-11，我们对实地调研所测试的数据进行了绘制，轮椅旅客到达广州白云国际机场后由 44 号门进入出发大厅，到前往咨询台询问，前往 F 值机岛特殊服务柜台值机，上洗手间，安检，前往候机区候机，每一个流程步骤我们都进行了行走轨迹的测量和耗费时间的记录。

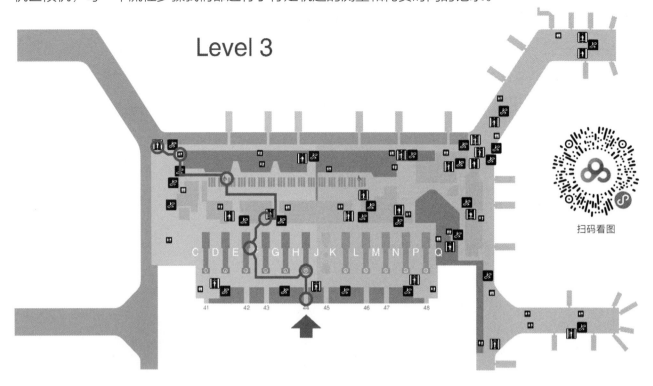

图 2-11　旅客机场大厅行为流程示意

交互触点的设置能实现机场各个区域的职能，同时，交互触点的设置与用户体验直接相关。在广州白云国际机场中，机场针对行动障碍人群出行流程的服务相关系统的交互触点设置主要问题在于空间位置的合理性以及整体资源匹配度。行动障碍人群作为弱势群体，他们的出行体验无论在生理还是心理上都与健常旅客有所不同，只有将针对他们的相关服务系统中的交互触点进行更高要求的设置和调配才能体现出机场对他们的关怀。

二、场景的特殊性与综合性

现代化的机场服务是一个复杂的系统。它包括了庞大的旅客群体、机场管理者以及机场中种类繁多的各个服务角色。因此，在对机场进行有效的认知和服务优化设计的时候，很多研究者往往陷入云里雾里，不知道如何入手。如何能抽丝剥茧地对机场服务系统进行有效的认知，怎样能够在这一具有高度复合性的系统之中对不同元素加以协调，让资源能够得到全面利用，保持服务链条的稳定性是机场所应着重关注的问题。场域理论已经被普遍运用到了有关领域之中，这一理论可以对社会问题做出精准的分析，将复杂问题进行解构并以简单清晰的样貌呈现出来。布尔迪厄理论中的核心概念场域、惯习、资本，为我们解剖复杂的交互系统提供了工具，让我们从场域、惯习、资本维度看到系统中各个关键要素间的交互关系。

1. 交通枢纽交互特征

现代机场是具有高度综合性的交通枢纽。它是一个包括了航空、地面交通、轨道交通，甚至水路交通的一个复杂的综合体。在这样的综合交通枢纽中，各个交通类型、职能部门、功能板块互相交织（图2-12）。从交通的类型层面看，纵向排列着由地铁轨道交通、地面公共交通、地面私人交通、航空出行等交通类型。从功能板块层面看，机场系统包括：航空交通与地面交通、轨道交通的换乘，与私人交通方式的对接；旅客、迎送宾客等候区域；值机区域；候机区域；行李托运与安全管理区域；安检区域；应急疏散区域等。从系统类型分类看，机场的服务系统由多个部分组成：室内外的建筑空间、各类型的交通运输设备、空间中的服务触点产品、前台服务人员、后勤服务人员、机场系统的调度及管理人员等。现代化的机场是一个复杂的交通枢纽，同时它也是一个有着严密组织体系的综合服务系统。正因为其主体的复杂性、多样性、系统性，机场服务的相关设计研究与其他场景的服务研究有着极大的差异性。

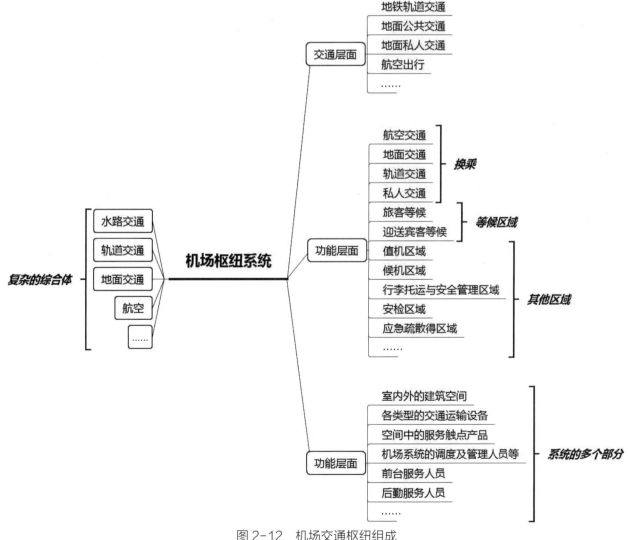

图 2-12　机场交通枢纽组成

2. 多种交互角色交织

与生活之中常见的其他场域有所不同，机场场域的交互模式具有明显的融合性，它是多个交互模式的融合体。每一种行为都带有不同的交互模式，如在商业行为和公共服务中，服务提供者与顾客的交互行为就有着本质的不同。因而机场场域既具有商业的交互行为模式，同时又具有公共服务交互性质。在机场场域中，商业因素、社会公共利益因素、社会政策服务导向因素都综合体现在该服务场景当中。根据布尔迪厄的自由性度理论，一个场域自主性越高，这个场域的生产者就会趋向只为本场域其他行动者服务。而场域自主性越低，那么这个场域为其他场域行动者、消费者服务的程度就会越高。机场场域是一个融合性的场域，在如商业服务等业务中，其自主性非常高。但是在公共出行、安全服务等业务板块中，其自主性又变得很低。同时，根据布尔迪厄的理论，"大规模的生产场域"更多的受制于外部社会的世俗力量，场域边界比较模糊，自主性程度相对来说更弱。机场的服务场域就是典型的"大规模的生产场域"，它受到其他场域中各个关系因素的制约和影响，同时也服务于不同场域中的各个利益关系者或者机构。因此，在机场场域中，它是一个自主性相对较差的主体。在机场场域中，各个具有竞争关系的利益关系者有着不同的竞争策略及行为方式，而这些竞争行为不仅体现在场域的自主性框架内，同时它们也会受到资本、惯习和所处的位置、情形等因素的制约。如机场服务中各个航空公司既是机场服务的共同参与者，但同时也是相互之间的竞争者。在同一服务系统当中，它们充当着服务提供者和生产者的角色，共同营造和维护机场的服务系统。但同时，在服务品质、品牌、口碑、对顾客的服务细节和体验感知上，它们又存在着众多的差异性。这些差异性造成了它们在机场服务系统中的竞争关系。故而机场场域中的各个利益相关者是研究的主体，但各个主体之间所遵循的是"友敌"逻辑，既是场域中服务系统的共同缔造者，也是各自利益体的竞争者。

在机场场域中，除了航空公司的角色外，还有另外几个不同利益关系的角色团体，比如政府、旅客、机场工作人员、机场交通延伸服务机构、货运机构、票务代理机构等。航空公司之间有着各自的利益关系，但作为航空公司这类角色的整体而言，这个角色本身又具有一定的共同利益代表性。机场场域中的各个关系角色应该分成两个层面：

第一层是大的角色分类，这个角色分类就如刚刚所描述的政府、旅客、机场工作人员、机场交通延伸服务机构、航空公司等。每一个角色在机场服务场域中都代表了这个角色团体所具有的特定利益。场域内部的不同主体可能会构成竞争关系。比如航空公司就与地面的服务角色形成利益竞争关系。地面服务人员希望机场地面服务资源利益最大化，而航空公司则希望能最大限度地减少机场的停留费用和提高中转的效率，让航空公司的成本最小化。同样在机场场景中，旅客希望最快速地完成从值机到登机的全过程。而机场则希望旅客能有更多的时间驻留机场，让机场的商业、饮食、服务等产生二次消费，提高机场本身的盈利能力。这些因素在机场场域中体现为各个角色之间的价值、任务流程、目标。本书将在后续的章节中通过用户满意度研究的方式、实地调研记录的方式、人因学测量的方式对以上的因素进行逐一拆解和分析。

第二层是各个角色分类，这个角色分类也存在众多的细分的竞争者。例如航空公司这个分类就存在众多的不同品牌的航空公司。同样，机场的商业、货运服务提供商也有很多不同的二级竞争者。这些不同的竞争者有着不同的商业目标和利益趋向，但他们都在一个大的角色利益框架内共同行为。不过这些主体在行为上可能会呈现出一定的差异性甚至是冲突性。他们存在众多不同的如品牌、价格、服务品质等差异性。这些差异性的存在或直接或间接地影响其他角色的行为。比如航空公司的品牌、机场自身的品牌就对旅客的行为及出行满意度产生巨大的影响。对品牌的认知可以直接影响旅客因为延误等因素发生时情绪的容忍强度。好的品牌，旅客普遍对其抱有更宽的容忍度，而较差认知度的品牌则反之。本书将在后续研究当中逐一对相关的品牌因素、体验感知因素进行分析。并且通过入户探访的方式探求对行动障碍人群最关切的、影响机场出行服务的相关因素。并且在机场场域的主体之中，本书还将根据所整理的因素构建机场场域中旅客出行的服务的模型。

三、场景的复杂性与差异性

1. 机场场景的复杂性

机场场景的特殊性来自它的总体性和复杂性。机场场域是一个复杂的总体系统。它是由多个子系统互相连接、嵌套而成的一个庞大的服务体系。它包括了航空管理系统、地面地勤系统、货运系统、旅客服务系统等子系统。诚如前面所阐述的，现代的机场还涵盖了诸如地铁、公交站场等交通网络，是一个综合性的交通枢纽。因此，对机场服务场景复杂性的研究，我们依然可以借助场域理论工具进行展开。近年来，社会学、哲学领域越来越关注场域理论，并且从各自学科领域形成学术流派和思想观点。布尔迪厄的场域理论就是场域理论在社会学领域应用的典型代表。布尔迪厄最先将场域的概念介绍到了社会学领域，并构建了相关概念和框架，用于揭示社会现象。他的场域理论在社会学思想体系中占有重要地位，已经成为分析和解释复杂社会现象的理论框架之一。近年来，随着国内学术界对场域理论关注度的提高，场域理论开始被广泛地运用于解释各领域的社会现象。如田义双从马克思主义哲学出发把布尔迪厄的场域理论上升到一般方法论，力图运用该理论解读中国社会公共服务中的诚信问题。祝智庭等从场域理论的角度分析了教育实践场景中各类主题、过程和制品的问题。陈林生基于场域理论把市场概念化为一种场域，探讨了经济社会学现象。潘长学教授把场域理论引入设计领域，利用场域的观点和角度解决各个复杂社会服务中的矛盾和利益关系问题，从而把设计对社会问题的关注层面引向更纵深的层次。李砚祖借用场域理论来讨论设计的民族性与国家身份，把场域中有关空间隐喻的"虚幻"性，带入对民族文化和艺术创作的认知层面。对场域理论的众多应用研究，使与场域相关的研究成为一个"大场域"，这一大场域由众多不同的子场域构成，如竞技场域、政治场域、艺术场域、设计场域等。可以说，场域理论是当代设计理论发展中具有重要借鉴意义的理论基础。利用场域理论，我们同样可以对机场场景的服务系统做出新的剖析和解读。

场域理论不同于设计研究中经常提到的"场景"，布尔迪厄所阐述的场域是：位置之间客观关系的网络或图式。这些位置的存在，它们施加于其占据者、行动者及机构之上的决定作用，都是通过其在各种权力（或资本）的分布结构中的现在的与潜在的情景客观地界定的，也是通过其他位置之间的客观关系（统治、从属、同一等）而得到界定的。场域，一般是指场所与地域，是对场所的空间界定，具有实指与虚指的含义。所谓实指是指向具体的地理场所和物理空间。虚指则是指向一种社会空间——客观关系的网络或图式。它是以具体的事物间的关系为依据而形成的虚空间，它不是被固定的界限所限定的领地，不能等同于一般的地域、环境、场景、语境、网络、区域，也不是用意念感知的无形的境界或意境，而是具有空间性、关系性的存在。在布尔迪厄看来，根据这一关系性而形成并存在的空间，构成了我们共同生活的基本形式。据此，我们当下所讨论的服务系统问题也是可以转换成对应的场域问题。服务系统是必然依存于特定的空间当中的，而这个空间并不是固化的某一个特定的空间形态，它可能是跨时空而存在的多个实体空间的转换。同时，服务系统当中存在着多个角色和各自的利益及权利关系。它们在服务系统中为各自的利益关系展开竞争与合作时逐渐形成一个基于该服务的"场域"。就如我们当下所讨论的机场服务系统，虽说机场是一个实体的空间，但机场的服务并不仅限于机场实体空间所提供的环境和硬件支持。它是一个庞大的体系，包括了远离机场的交通系统，以及与实体硬件相去甚远的互联网服务与信息服务，等等。同时，机场的服务也是动态变化的，它是由服务系统中各个关键角色的相互作用、竞争最终形成的服务规范、网络与形式。这一服务系统构成了一个虚化的"机场空间"——包含了机场实体建筑、服务网络、联结交通等复杂子系统在内的一个庞大的服务体系。这一空间是串联起各个服务要素的逻辑链条，也是呈现这一客观关系的空间。机场空间可以说是一个复杂关系的最终呈现，它包括了各种角色关系在机场这个空间中的行为、流程、目标、利益等的综合因素的外化体现所形成的"人化空间"。这一空间既是复杂多变的，但同时也是统一的，不是碎片化和割裂的，具有总体性。美国地理学家索亚把布尔迪厄的这一空间的总体性论述为"第三空间"。"第三空间"认识论基于社会实践基础之上，将抽象与具体、主观与客观、真实与构想、精神与肉体、意识与无意识等汇集在一起，侧重探讨空间内外的相互关系。因此，场域不是经验事实中具体个人、群体组织或机构，不是实证注意考察的周围环境、社会背景，不是经验事物的具体特征，而是潜藏着的、无形地支配行动者为利益而相互角力的关系。我们的社会就是由各个微观的"客观关系"——场域组成的一个和谐统一体。

而机场作为社会生活最重要的一个组成部分，本身也是社会各种客观关系的体现，因而也是一个复杂而统一的场域。

2. 机场出行服务的差异性

公共服务的研究课题一直以来都是建立在管理学科的基础之上的。我们通过"公共服务"关键词查询论文和文献数据库会发现，在公共服务研究领域中，关于公共服务的均等性、公平性的研究话题占据了大部分的研究内容。而其中指代的公共服务更多的是指政府的各类政府管理职能、城市和民生的服务工作，以及政府制定的法律、法规、财政等方面的内容。近年来，随着我国人民生活水平的提高，商业服务的标准也在极速提升。在商业中为了提升顾客的体验而产生的服务设计的概念也逐步成为市场中企业竞相追逐的热点。在市场体验日益提高的背景下，社会公共服务的体验也开始进入了人们的视野。"公共服务"的概念逐渐从原来的公共政策、法律法规的制定转向了政府及相关民生部门为市民提供服务的质量和感知问题之上。从 2018 年开始，国家税务总局就面向公民开展"纳税服务满意度"调查。该调查每年以纳税服务体验为考核标准对各个终端税务部门的服务进行评价。该调查是国家把对公民服务体验作为其自身服务水平评价的一个重要维度的标志，也是国家从政府层面开始推动在公共服务中的"服务体验"提升的一个重要举措。随着国家对公民公共服务体验满意度的重视，各级政府开始了一场以提升服务满意度为目的的服务改革。从政府一般性的民生服务、社区服务、医疗服务，到养老服务都结合市场的发展进行了服务创新。辟如广州市政府推出了粤省事互联网应用小程序，通过一个小程序终端把各项政府服务的在线办理流程进行了简化。医疗、税收等部门也响应国家的号召，分别把服务满意度作为其行政能力的评价标准。

与市场化的体验提升、政府公共服务改革不同，作为交通枢纽的机场公共服务相较于前者具有明显的滞后性。机场服务不同于政府的服务，它既带有政府公共服务的色彩，但同时也具有市场化运作的特点。而且机场服务在市场中是一项垄断型的服务类型，不具备完全市场化竞争的条件。同时，它也没有单纯政府服务中行政化的特点。因此，在社会体验提升的大潮当中，机场的服务改革显得明显滞后。直到 2019 年，国内航空业界才意识到国外机场服务水平的提升，从而开始重视服务满意度，并且对其自身的服务进行改良。然而，机场是一个具有总体性的复杂系统。经过数十年的积淀，机场的所有运营都有着各种国际、国内的行业规范、法律规范、公共安全条例等。因此，航空从业人员最早从法律及法规层面为机场的服务创新寻找可能性。但直到 2020 年，国内机场服务从业者才从用户体验提升的角度提出以旅客体验为目标的服务重塑。可见，机场作为一个复杂的服务系统，其服务提升既要满足既有的行业规范、流程，又要对服务体验提升进行服务重塑。因此，机场的服务设计必然区别于其他的服务场景，它具有特殊的要求和设计边界，机场服务设计研究者需要因应机场场域提出一套适合其自身特点的服务设计系统。

第三节
机场服务场景中的交互设计要素

一、服务系统中的交互设计

随着社会物质文明的发展，在物质丰裕的时代背景下，市场中的人们对产品功能的需求已近于饱和，人们的精神层面的诉求被提升到了前所未有的地位。互联网技术的应用让信息通过多维度的交互方式和手段在人与人、人与社群间建立了更广泛的连接。信息技术和交互手段改变的不仅是人们与产品的交流、沟通的方式，更是人们对产品的期望和感知。产品在互联网语境下已经摆脱了单一的形态，形成一个互相关联、相互协作的产品系统。而连接这一系统的网络和桥梁就是无形的信息和互联网技术。有形的物理空间、产品与无形的信息、服务组织这两部分相互协作、相互支撑，让产品以更贴近人的感知和生活的方式为用户提供全方位的"服务"。由此，产品设计进入了服务时代。在此时代中，我们所考虑的交互问题不仅是单一产品的使用效率、任务流程、目的，还需要把产品置入用户、服务场景、服务触点、角色行为习惯等多重因素综合的一个大系统中进行考量。

在信息互联网的背景下，交互设计是设计研究者处理复杂产品与人的复杂交互关系的重要手段和方法。在服务设计当中，交互设计应当也肩负同样的角色和功能。但当下的服务设计往往没有利用交互设计的观点、角度和方法切入去理解和重塑服务系统。为此，本书希望通过交互设计方法，从服务系统的构成，以及在服务设计中需要考虑的交互要素，如服务场景、服务组织、旅客行为、满意度等，对服务机能的构成和用户体验感知的成因进行系统的分析，并依照这一方法论框架，重新理解用户在服务系统中"体验感知"的成因。

1. 服务系统的界定

服务是生产价值的提供者和获得这种价值的接受者之间的交互关系，这种价值通常在一个特定的时间段里有效。它的载体可以是有形的，如某种产品；也可以是无形的，比如某种信息、感受等。在市场经济领域，服务是非物质商品的等价物，服务提供者通过提供技能和经验参与经济活动。"服务"不是以实物形式，而是以劳动形式满足他人的某种需求。也就是说，服务是一种以满足他人需求为目的的人类活动形式。它也是现代市场中的一种可以进行交易的商品。因此，在现代商业社会中，提及"服务"，人们首先想到的是"商家为客户提供的服务"。在现代产业结构中，按照国际通用的产业划分方法，服务行业属"第三产业"。就我国而言，第一产业指的是农林水产业等，第二产业指的是冶炼业、建造业、制造业等，第三产业则指的是金融保险、房地产、批发零售等。第三产业是为"人类活动"提供服务的行业。因此，服务业包括了各种不同性质的行业，比如美容美发、酒店服务、客运等。因此，"服务"一词本义指"人类为他人提供的，满足他人某种需求的劳动形式"。服务业则指代的是所有带有以"人"为服务行为对象，满足客户需求的重要资源的行业。服务的类型可以划分为基础服务、生产和市场服务、个人消费服务和公共服务。

自 20 世纪 60 年代起，世界主要发达国家的经济重心开始转向服务业，全球产业结构呈现由"工业型经济"向"服务型经济"转型的宏观趋势。在今天，随着互联网信息技术的高度发展和普及，一个国家第三产业的发达程度，即服务产业的发达程度，成为衡量这个国家发达程度的标准。人类社会已经进入服务经济时代，服务经济在全球范围内迅猛增长，世界发达国家服务产业甚至占全球GDP 份额的 70% 以上。在美国，通常服务经济的行业也被称为"知识密集服务业"。在其商务部的分类中，这一行业包括了通信服务业、金融服务业、企业服务业、教育服务业与医疗保健服务业五大类，在其 GDP 中所占份额甚至已经超过 80%。现代服务业的概念在中国也越发清晰并得到前所未有的重视：1985 年，国民经济统计把服务业列入第三产业的统计；1997 年，党的十五大报告里提出要加快发展现代服务业；2005 年，国家"十一五"规划纲要第四篇中详细讨论了加快发展现代服务业的问题。我国提出的"现代服务业"概念，是指在工业化比较发达的阶段产生的，主要依托信息技术和现代管理而发展起来的，知识和技术相对密集的服务业。

服务及服务行业在人类最早期的市场形态中就已经存在，在初期制造业和手工艺时代中，服务是天然与生产捆绑在一起的。但是随着社会化大生产的发展，标准化的工业生产让服务从产品的制造环节中剥离出来。服务的个性化特征让服务产品不可能具备工业化生产所需要的"批量化""标准化"。因此，服务业在工业时代中并不能获得很好的发展空间。社会进入后工业时代，特别是随着信息技术、互联网经济的爆发式增长，互联网技术不仅拉近了人与人的距离，而且还让人和商业的关系发生了改变。电子商务、互联网金融、物流服务等日益取代低附加值的传统工业成为市场中新的潮流，服务业在互联网经济的潮流中崛起。在互联网社会场景下的服务，不是工业时代中所指的"服务"。互联网技术让不同时空的服务资源得以连接，从而让服务摆脱了场景的时空限制，按照需求得以在网络化的社会中延伸开来。正是因为网络的连接特性，也让服务的多样化得以实现。托马斯·弗里德曼在《世界是平的》一书中就阐述了印度的班加罗尔已经成为世界的"互联网服务中心"，全球大部分的互联网服务资源、开发资源、应答中心座席都从印度输出。印度模式一方面验证了互联网服务的去地域化特征，另一方面也体现了互联网服务中物质产品——"有形部分"和服务软件——"无形部分"的分离。

● 服务的机能

在现代商业社会中，任何的服务产品都包含"有形部分"和"无形部分"。有形部分指的是进行服务所需要的空间环境、设备等因素。无形部分则指的是服务过程中服务人员的工作、流程、经验、手艺等以非物质形式存在的服务成果和部分。所有的服务产品都是这两个部分的整合，不存在只有无形部分而没有有形部分的服务产品。比如在我们日常的教学服务中，课室、桌椅、黑板等就是服务产品中的有形部分。有形部分是无形部分的载体，服务的有形部分是服务产品存在的必要和前提条件。而服务的无形部分则是服务产品的灵魂和核心。服务产品中的有形部分是根据服务产品中的无形部分展开的。它是配合服务产品中无形部分进行的"有形化""物质化""可视化"的部分。因此，服务产品的品质的来源主要是服务的"无形部分"和"有形部分"结合的方式和架构，也就是服务系统构成的合理性。服务系统的构成就尤如一个人的肌体构成。人的肌体包括了精神部分和生理部分。精神部分好比服务系统中的无形部分，生理部分则是服务系统中的有形部分。这两个部分是相互影响、相互作用的。即便服务的流程设置、话语话术、服务行为等无形部分非常完备，但如果服务系统中硬件条件、服务环境等有形部分配合不当，服务无形部分也不能很好地进行工作，服务的品质当然也不能达到最优的结果。国外服务设计研究学者将服务机能分为五个范畴：内部品质（Internal Qualities）——使用者看不到的品质，硬件品质（Hardware Qualities）——使用者看得到的品质，软件品质（Software Qualities）——使用者看得见的软性品质，实时反应（Time Promptness）——服务时间与即时性，心理品质（Psychological Qualities）——有礼貌地应对、款待的亲切度。一方面，服务机能中看不见的服务因素包括了内部品质、实时反应、心理品质。这些因素会直接影响服务的功能有效性和服务的效率，如在航空、铁路、电话、饭店等服务场景中，服务设施、环境能否发挥功能，全由其保养程度和维护而定。这种保养性、整备性的优劣直接影响客户的服务感知。服务效率中的等候时长，服务环节的衔接关系，服务出错的概率，服务人员的礼貌、话术、肢体语言等因素也会影响整体的服务感知。另一方面，服务机能中看得见的服务因素包括了服务的硬件品质、软件品质。如在服务过程中服务场景的合理性、座位的宽度、照明的舒适度等直接决定服务机能的可用性。同时，在服务过程中，广告置入多、服务流程冗余等软件品质因素也会造成服务效能的缺失。第一波将服务业中的服务品质"量化"的研究学者出现在 1983 年，三位美国学者向美国行销科学学会（MSI）提议，开始有关服务品质探索的研究，并经由 15 家大型企业共同参与。A. Parasuraman 于 1985 年发展出一项服务品质模型。由于研究是上述三位学者所主导，故此服务模型取其每个人名字首字母被命名为"PZB 模型"。PZB 模型中对服务满意度的评估是综合了对服务品质、实体产品品质及价格的评估之后的结果。这与以往许多学者认为服务品质影响客户满足的研究一致。

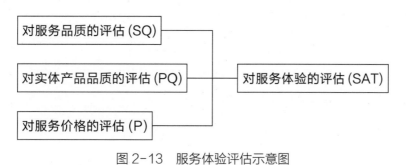

图 2-13　服务体验评估示意图

其后，Bitner 根据 A. Parasuraman 的模型又把客户对公司或产品的整体印象，以及客户自身服务经验的因素加入模型当中，形成更为完整的服务模型。根据 A. Parasuraman 的论述，客户自身对服务的评价并不仅限于该次服务的体验，而是会受到包括过往接受服务产品时的体验和认知的影响。这种服务体验的经验我们称之为"服务经历"。客户在接受服务的过程中所产生的认知，来自一个长期的整体性框架（图 2-14）。

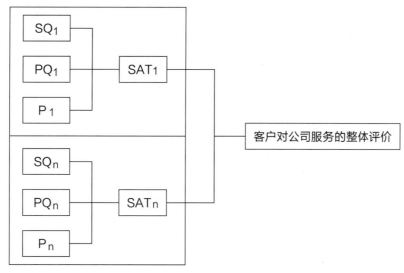

图 2-14　服务评价模型

● 服务品质

服务品质也就是服务的质量。作为一个存在于现代市场中的"商品"，服务产品也必然要面对市场和消费者的评价，这种评价就是质量评估。产品质量是指产品满足规定需要和潜在需要的特征和特性的总和。任何产品都是为满足用户的使用需要而制造的。对于产品质量来说，不论是简单产品还是复杂产品，都应当用产品质量特性或特征去描述。产品质量特性依产品的特点而异，表现的参数和指标也多种多样。反映用户使用需要的质量特性归纳起来一般有六个方面，即性能、寿命（即耐用性）、可靠性与维修性、安全性、适应性和经济性。与物质产品质量相比，服务产品质量的衡量更为复杂。长久以来，在工业时代中对物质产品品质的研究已经有了丰硕的成果，国际和国内对此都已有了标准化的定性，但对服务产品却未能提出一套令人信服的服务评价体系。究其原因在于学界对服务行业的认知往往停留在感性层面，认为服务就是对客户好一点，或是给客户多一点，服务人员勤快一点。这种抽象、含糊的概念必然不能为服务产品的品质定性做出一个令人信服的服务评价体系。而服务产品品质评价的难度就在于服务机能中的"看不见部分"，它不同于物质产品，任何的因素都是可测量、可量化的，服务中的看不见部分会随着服务人员的不同、服务时间的不同、服务场景的变换而产生变化。这种变化让每一个服务产品都不一样，每次服务结果都不尽相同，每一个客户得到的服务感知都不一致。因此如何将服务中看不见的部分用科学的方法逻辑转变成看得见部分，也就是将服务的"质化"现象转变为"量化"数据，成为当代服务设计研究者面临的挑战。

从 20 世纪 80 年代开始，国际上众多的学者就开始关注服务品质的问题。Bitnet（1983）认为服务品质是客户服务消费后是否再次购买服务的整体态度。Philips、Chang 和 Buzz（1983）从经营学的角度指出服务品质是影响服务利润、市场占有率、价格因素的指标。Zeithaml、Berry(1984)提出服务品质可以从新客户和存量客户两个维度进行评估，并且应该以客户的推荐意愿作为评价服务品质的指标。关于服务品质及服务产品评估维度的讨论一直都有，而且国际上各国政府机构也没有针对哪一派的观点和理论提出具有权威性的服务品质评估标准。直到英国剑桥大学的三位教授 A. Parasuraman、Valerir Zeithaml、Leonaed L. Berry 于 1985 年提出了"服务品质"的概念。他们认为服务品质以客户满意程度的高低代表服务的优劣，其服务品质的概念为：对服务要进行"一种长期整体，可以以态度来视之的评估"。进而 A. Parasuraman 阐述，服务品质的产生是由客户本身对服务的"预期"与"实际感受"两者比较而来。到 1998 年，他们再次补充以前的定义，认为服务品质是在服务传递过程，及服务提供者和客户互动过程中所产生的服务优劣程度，并强调服务品质是由"客户"，而非由服务提供者定义。在此基础上，1994 年，美国品管协会（ASQC）及欧洲品管组织将服务品质定义为：产品或服务的总体特征及特性有能力满足客户既定的需求。

如前所述，客户对服务品质的评价具有长期性和总体性。对于客户而言，服务品质的感知来源一方面来自其预期与实际服务结果之间的比较，另一方面也由服务提供者的服务品牌、服务环境、设施、响应速度等构成的服务机能优劣所决定。此外，服务品质的感知也会因客户自身的"服务经历"而产生差别化的认知感受。

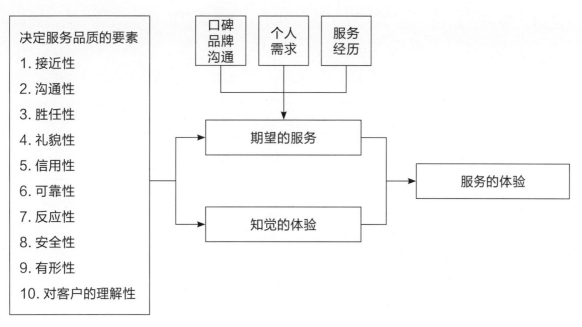

图 2-15　服务体验模型

2. 服务设计中的交互要素

"交互"一词在中国古代典籍中就有出现。"交"是指一种相互、彼此的关系，"互"是指彼此相关的两者之间存在的一种行为和动态。《京氏易传·震》就有这样的一种描述："震分阴阳，交互用事。"现代汉语中所使用的"交互"，意指交流互动。在互联网语境下，它更多的指向利用信息技术和互联网平台进行的获取资讯、信息的服务，以及通过互联网得到的人与人、人与产品、人与社群、人与平台之间的协作和沟通关系。英文中"Interact"一词在中文里译作"交互"，它指两个因素间的相互作用。"交互"所表述的相互作用、彼此制约的状态，并不是到今天信息社会才出现的，它是自人类改造自然的行为开始就存在的。人类与自然界相互依存、相互改造的关系就是一种交互关系。时至今日，在现代语言中，"交互"一词在生活应用和研究中出现的频率越来越高。究其原因，它与现代社会发展、技术发展的融合背景息息相关。科学技术的发展让学科融合达到了前所未有的高度，计算机科学、生物学、社会学等基础学科在不同的领域交叉、汇聚形成新的学科体系。而新的科学体系又推动社会的融合发展，令各种社会因素相互叠加形成新潮流和趋势。因此，信息科学、大数据、交互设计等学科和研究成果在近年得以飞速发展。

"Interaction"一词最早使用在计算机领域，意指计算机和人的交互行为。在计算机产品发展的历程中，小型化、微型化的计算机技术让人与机器的信息交流成为可能。因此，当时的"Interaction"就是指人与计算机之间的界面交互行为。20 世纪 80 年代，青蛙设计公司创始人比尔·莫里奇（Bill Moggridge）（1984）提出了"Interaction Design"的概念。但他初始提出的概念还停留在对人机关系的"软体界面"（Soft Face）的理解之上。他所指的"交互设计"是指与计算机硬件相对应的，与人进行互动的软件部分。到 1986 年，莫里奇又再次对交互设计的概念做了修正，他通过对比 HCI（人机交互）、人因工学、工业设计、计算机科学中与交互设计学科概念的异同，提出交互设计是人通过信息产品而创造的一种新的"人和人""人和社会"的关系。现代的交互设计学科是从人机交互（Human Compute Interaction）领域分离并发展而来的一个新型学科，它具有鲜明的跨学科特征。它所涉猎的范围包括了计算机科学、心理学、社会学、信息科学、美学等。在产品设计领域，交互设计方法和理念的引入，让产品设计的关注点从"物"的研究转移到"人"的身上。在"物"的研究当中，产品设计所关注的是产品批量化制造所需要的色彩、材料、工艺、市场等要素。而当产品具有鲜明的信息化特征时，产品设计所关注的要素已经不再是物质产品的"生产要素"，而是人和产品在使用过程中所产生的"互动要素"，比如产品所在的场景、任务流程、用户认知和感受等因素。这一个阶段中，正因为交互设计方法对信息化产品核心要素的决定性作用，让产品设计中的交互设计研究成为产品在市场中制胜的重要因素。

交互设计关注的是在信息系统中，人与物、人与人、人与社会通过信息手段建立起的新的纽带和互动关系。而这种关系的本质是由信息手段催生和带动的。进入现代互联网社会，无线互联网普及，物联网成为市场中的主流，人们生活中出现的带有信息能力的产品越来越多。众多传统产品品类摇身变为信息产品，比如电饭煲、洗衣机、冰箱等。这些生活类的信息产品能为用户带来新的价值，在于它们拥有了信息产品的特征——能理解用户，并和用户进行信息交流。这也是物联网产品的基本特点。物联网产品不同于传统工业产品。物联网产品以信息技术为基础，让产品通过互联网技术相互连接起来，服务器、IOT 终端产品、移动端产品形成一个完整闭环。通过产品与产品的信息连接，用户的行为和习惯被产品中各种的传感器识别、传输，因此，物联网产品系统能拥有基本的学习和理解用户的能力。它们之所以能为用户提供超越传统工业产品的功能，其本质就在于因互联网为基础的连接而带来的"服务能力"，也就是说物联网产品的优势就是互联网的"服务能力"。

以物联网信息技术为基础的产品服务，并不是传统意义上的"服务"。如上一章节我们所谈到的，服务产品是一种无形产品。同样，物联网产品中的服务也是无形的，它依托于实体的物质产品而存在，但它们所提供的服务能力是超越物质功能之上的服务功能。就如我们家居系统中冰箱能够识别所存放的物品，以及与网上超市数据连接，为我们提供食物保质提醒的服务功能，这类功能是传统工业产品所不具备的。如果说，在传统的工业产品中，我们拥有某种产品功能的前提是我们购买带有这一功能的产品，那么在以互联网服务为特征的信息时代中，这种购买关系改变了，变成了一种由众多产品系统构建成的服务系统与用户的共生关系。这种共生关系可以是直接付费的服务关系，如电信服务、视频内容服务等，也可以是以其他等价方式置换的服务形态，如用户提供 UGC 内容和数据，从而换取对服务的使用权益。在这一个阶段的设计中，设计研究者所关注的依然是各种要素和角色之间的"关系"。但这种关系从单纯的人与物、人与机器、人与产品的关系，转向了复杂的人与系统的关系。在这种服务类型当中，用户是置身于服务系统当中的。而服务系统跨越不同的用户场景，存在于不同的时空当中。就如本书所讨论的机场服务，从用户在家或者公司预订机票、制定到机场的行程计划，到乘坐公共交通到达机场，再到值机、安检、候机，最后旅程结束后再次回到机场，这一服务跨越了用户整个旅程的多个时间和空间。因此，在以互联网服务为特征的信息时代中，设计所关注的焦点是人和系统的关系。人是置身于系统当中的，人和系统的关系直接体现的就是人和系统的交互。在交互主要因素中，场景因素、行为因素、用户认知与心理因素等都涵盖了互联网服务中的各个要素。可以说，对互联网服务系统的设计研究就是对服务系统交互关系的研究。

3. 满意度感知

服务满意度感知研究是一项对顾客和服务者在服务交互过程中双方心理现象、规律进行度量和评估的方法。在服务业发展的诸多要素中，参与服务过程的用户角色是复杂而多变的。他们包括不同职能和岗位的服务人员、各种顾客类型、潜在顾客，以及后勤保障服务角色等。每一类的服务角色不仅具有共同的岗位特征和任务，同时他们也必然带有个性的心理特征和心理活动。服务人员与顾客，服务人员与服务空间、服务触点之间在服务交互过程中无时无刻不在发生着关系。这些关系的发生、发展取决于各自的心理活动，并且最终在内心形成对于服务的最终感知和评价——服务体验。服务体验是精神需求高于物质需求的丰裕市场中企业制胜的关键要素。因而获得良好的服务体验以及拟定构成良好服务体验所具备的要素的方法，对于任何一个服务系统的设计和改良都尤为重要。

服务满意度感知是对复杂的心理过程的研究。心理过程是指人的心理活动发生、发展的过程，即客观事物作用于人在一定时间内主观反映客观现实的过程。这个过程包括对客观现实的认识过程、情绪和情感过程、意志过程。顾客对服务满意度的感知不是孤立存在的，它与人的认识、情感、意志紧密联系，而且也与各个个体的心理特征和经历密切相关。没有心理过程，个性心理特征就无从形成。同时，已经形成的心理特征又制约着心理过程，在心理过程中表现出来。例如，不同的人对同一首歌曲、同一幅画、同一出戏曲的评价和欣赏水平是不同的。事实上，顾客的服务满意度感知是服务过程中用户的心理过程的反映，同时也是个体用户心理特征的体现。我们要深入地理解服务过程中用户对服务体验的感知，必须分别对这两个方面加以研究，这样才能掌握用户在与服务系统交互过程中心理过程、个性心理特征的形成过程和机制。

4. 服务组织

服务流程是指为满足顾客服务需求，将两个以上具有相互联系和相互作用的相关业务活动进行有序排列组合，让其成为具有特定结构和服务功能的有机整体。这一个有机的整体就是服务机能。如前所述，服务系统是由服务机能组成的，服务机能包含存在于系统中的多个要素，如服务空间、服务触点、服务人员、接受服务的顾客等。而连接所有要素的纽带就是服务流程。我们可以把一个服务流程拆解成为若干个业务模块，每个业务模块都具有各自的任务、目的和行为。每个业务模块根据各自的任务配备不同的服务资源，包括空间资源、物质资源、人力资源。这些服务资源可以分为两类：一类是与用户接触的，我们统称为服务触点；另一类隐藏于服务可视线之下，根据不同的业务类型具有不同的分工和协作机制，因此我们不对此类资源进行详述，对这类资源的优化配置更多的可以详见管理学的研究领域。而本书的焦点是用户侧的体验和感知，因此我们集中对顾客可以接触、与顾客进行交互的服务触点、流程进行讨论。服务设计研究者认为，服务接触时用户和服务交互的关键时刻，是衡量用户满意度的重要指标。1985 年，贝特森提出了服务接触理论的三元模型。三元是指用户、服务触点和服务组织。三个要素紧密联系，相互合作，互相平衡。20 世纪 90 年代，服务接触系统的提出进一步将服务分为前台、后台以及服务接触这三个部分。前台是指向用户提供服务的人员、设备，以及各类设施部件这类用户看得见的部分。后台是指支持服务提供的关键信息技术与信息物流体系，它们保证服务被正常提供。服务接触是指用户与前台直接交互中所产生的接触行为，是一个用户与服务系统的交互过程。服务触点产生于服务提供者与服务接受者的交互过程之中，是用户、服务空间、服务设施相互作用沟通过程的产物。服务触点的设计优劣，服务触点在服务空间中的设置的合理性直接影响服务接触的效果，并且进一步决定着服务体验感知的优劣。

二、行动障碍人群心理与行为特征

1. 行动障碍人群的出行行为目的与预期

行动障碍人群的出行行为相较健常人群更为复杂。行动障碍人群的出行行为具有多重目的性。他们与健常人群单纯的行为目的相异，行动障碍人群的目的性并不单纯来自行为所直接指向的目标或者需求。他们的行为目的包括两个方面：一是自身生理缺陷造成的心理因素，二是行为目的所需要完成的目标。这两者之间有着不可分割的相互影响、制约的关系。单纯从出行目标而言，行动障碍人群和健常人群并没有太大区别，但是在出行行为过程中，行动障碍人群的出行预期与健常人群的预期差异性较大。而这些预期主要被障碍心理、年龄、社会环境、交互认知等因素影响。可以说，行动障碍人群的出行行为与认知是上述这些因素相互制约、相互塑造的结果。

- 自身生理缺陷造成的心理因素

行动障碍人群在社会生活，甚至家庭生活中存在种种不便，由此导致他们很容易在心理上产生孤独感、自卑感及胆怯心理，有时会有强烈的抱怨心理，受刺激后情绪极不稳，从而引来更多的问题。除此之外，行动障碍人群还有其特殊的性格特征：女性残疾者容易敏感而多疑，较少与人交往，喜欢独处；男性残疾者更倾向于以自助方式解决问题；老年残疾者与忙于工作的子女沟通相对较少，使他们容易产生孤独感，生活自理能力也会随着年龄的增长而降低，容易产生失落感；儿童残疾者在长大过程中，慢慢意识到能力的丧失，这极为不利于其人格发展，甚至进而影响到其行为能力。另外，行为前的动机以及行为习惯偏好也是影响行为的因素。这些都因人而异，不同的动机和习惯产生不同的行为，产生不同的结果。

在行动障碍人群的生活中，障碍心理时刻制约着他们在生活中的行为。生活中对伤害的恐惧感往往会先于其他任务目的，让他们在完成某一任务的过程中优先考虑环境是否会对他们自身再次产生伤害。这种感知可能是潜意识的，但它的确时刻潜藏于行动障碍人群的意识层面当中。因此，环境的"安全感"是行动障碍人群在服务场景中顺利展开服务体验的首要条件。

- 社会环境因素对行动障碍人群出行预期的影响

环境影响人类的行为，同时人类的行为又对环境产生影响。环境因素可分成自然环境、社会环境和物质环境。自然环境指的是地貌、气候、生物、水文等要素。行动障碍人群的出行受自然环境的影响很大，主要原因一方面是其担心自身能力有限，遇到困难无法自理；另一方面也是因为恶劣天气可能造成的出行困难。社会环境则是人类存在和活动范围内物质和精神状态的总和。在社会环境中，对行动障碍人群影响较为直接的有法律因素和文化因素，而影响较为间接的有经济因素等。而文化因素作用于人，从社会约定俗成的道德规范、社会规范角度塑造着社会中各类人群的行为方式。例如，我国自古崇尚乐于助人的美德，帮助老弱病残孕是每个人都应该做到的。所以行动障碍人群在社会中的地位，以及社会中其他群体对他们的观感、角度都直接影响行动障碍人群的出行行为。此外，物质环境包含了环绕在行动障碍人群周围的一切物质条件，物质条件是否充裕也会直接影响行动障碍人群对行为目的的预期和判断。例如，在服务场景中无障碍设施的设立，可以打消行动障碍人群出行的顾虑，让他们感知到场景的安全性和舒适感，从而让他们的出行行为更加顺畅，也更能让他们在出行过程中把认知和注意力放到对服务的感知体验之上。如此，行动障碍人群的出行体验才能得以提升。

- 年龄及障碍程度因素对行动障碍人群出行预期的影响

随着年龄的增长，行动障碍人群的生理特征、运动机能和心理机能都会发生变化，智力也会衰退，主要表现为听觉、视觉逐渐减弱，触觉迟钝，认知功能逐渐减弱。骨骼、关节、肌肉和各项机能也会发生相应的变化。随着年龄的增加，虽然有些运动技能也可能由于良好的健康状况或通过练习得以维持，但是，由于神经和代谢功能的衰退，从而导致肌肉组织减少和肌肉强度变弱，运动能力也下降。在心理上，思维逻辑和辨识能力减弱，判断力下降，因此行为受影响。总体来说，行动障碍人群随着年龄的增长，其认知能力下降速度更快、生理衰退现象较健常人群幅度更大，衰退时间更快。这也导致行动障碍人群在生活中更加注重自我保护，对周边环境危害的意识更为强烈。在他们不能判断环境是否对他们"友好"或者是否足够"安全"的情况下，他们宁愿采取更为保守的行动策略。

也正因如此，行动障碍人群的出行过程当中多数会呈现出高度紧张的状态。长时间精神上的高度紧绷感必然会造成他们心理上的焦虑和疲乏。这也是为什么我们在现场观察过程中，经常看到行动障碍人群在机场出行行为过程中出现行动迟缓、手忙脚乱等特征的原因。这种障碍心理进一步又加强了行动障碍人群的障碍程度。

● 行动障碍人群的交互认知因素

在机场出行服务场景中，首次乘坐飞机出行的旅客，一般会预留出更多的机动时间，因为他们对机场出行的乘机流程、机场空间环境都不了解，需要花时间去熟悉。与此相反，对乘机流程和机场空间越熟悉的旅客，认知和操作起来会越快。也就是说，服务空间和服务流程的陌生感会降低旅客的认知效率，给出行行为带来不便，从而降低行为效率。这种服务空间、流程、信息、触点与旅客之间的认知错位所产生的交互问题，是影响人们在公共出行场景中遇到的行动障碍的关键性因素之一。在信息化社会中，服务场景中的信息化应用的程度日益增加，对信息和产品的熟练度也会影响行动障碍人群的行为。对信息产品越熟练的旅客，办理出行手续和操作自助设备时更快捷。反之，对信息产品不熟悉的旅客，会因为其对信息技术和交互方式的陌生感，降低行为效率。而当下的信息产品应用当中，主流产品都是面向健常人群而设计的，行动障碍人群天然地就被排斥在了社会信息化发展的潮流之外。在生活中，他们并没有太多的机会接触到信息技术与信息产品，因此，他们普遍对信息技术及与信息产品相关的交互操作方式具有陌生感。通过对白云机场行动障碍人群的调研，我们发现，行动障碍人群在面对信息化产品时，需要比普通用户耗费更多的时间和步骤。由此，当机场的出行服务开始大量普及信息化设备进行自助服务的时候，他们在机场中的出行体验不是变得更加便捷了，而是因此遇到了更多的障碍和更高难度。

2. 行动障碍人群的行为模式及特征

行为是人们适应生存环境、改造客观世界、处理人际关系、实现主体意志的直接有效的活动，是人的主观见之于客观、主体作用于客体的唯一渠道或桥梁。行为是人在生活中表现出来的生活态度及具体的生活方式，行为的目的是实现一定目标，满足一定的需求。从哲学层面上讲，人类的行为是个体自身与外界环境互动的关系。而相应从心理活动层面上来讲，所谓"个体自身"，是指人的心理特征。因为这是心理活动层面最稳定，而对人类及其个体极具有代表性的部分。而"个体与外界环境互动反映"，从心理活动层面上来讲也就是个体对客观事物的反应这一心理过程。由此，行为从心理活动层面上讲也就是个体的心理特征与其心理过程相互作用的过程与结果。

随着心理学的不断发展，认知心理学和人本主义心理学被越来越多的学者认可和接受，A. 班杜拉（A. Bandura）的社会学习理论称得上是独树一帜。在班杜拉看来，社会学习理论探讨的是个体认知、行为、环境三因素及其交互作用对人类行为的影响，社会学习理论弥补了认知心理学不重视外显行为的不足，不仅重视观察学习、认知过程和自我调节的作用，还强调研究外显行为、行为结果对行为的影响以及强化作用。因此，班杜拉认为人的行为既受遗传和生理因素的影响，也受经验、环境因素的影响。本书也将班杜拉的理论结果引用到对影响行动障碍人群行为的因素中，从多个方面进行分析。根据班杜拉的理论，行动障碍人群的行为特征可以从两个方面进行分析：一是行动的范围，二是行为的特征。行动障碍人群因为其自身的生理缺陷的原因，对外界的因素尤为敏感。因此他们对外界因素的陌生感和对安全因素的不确定性，会造成他们对外活动的范围较健常人群有着明显的地域性和圈层性。在行为特征上，行动障碍人群的行动能力受限，对外界因素的不信任感和不安全感，致使他们在行动特征上具有明显的成组式和复合式特征。

● 行动障碍人群行为特征的圈层性

行动障碍人群活动分布圈，是指在行动障碍人群外出活动中，由其出行的时间、活动的半径和频率以及出行的范围所组成的不同活动层次的空间分布领域。它可以划分为基本生活活动圈、扩大邻里活动圈、市域活动圈和集域活动圈等。在户外场所或在户内设施中活动的行动障碍人群，其公共交往活动的场所是相互依托和互为交叉的，并随着障碍本体因素或外在条件的变化而不同。

（1）基本生活活动圈

它是指在行动障碍人群日常生活中，使用频率最高和停留时间最长的场所，主要局限于行动障碍人群家庭及周围领域，其间他们交往的对象主要是亲属（指家庭成员）和邻居。行动障碍人群在这里活动，易产生信赖感、安全感和亲切感。另外，它以家庭为出行中心，他们一般是到自家内院或附近院落、宅间绿地或组团绿地、住宅单元入口、户外道旁，以及老年人活动站等处，其活动半径小，符合短时间出行距离，有极大的"随机性"。

（2）扩大邻里活动圈

它是指以社区及周边作为行动障碍人群活动范围，这是他们长期生活和熟悉的空间。行动障碍人群对这里的人文地理环境有着很强的依恋性和熟悉感，因此他们也很乐于在这类场所活动。在此圈中，行动障碍人群活动半径小，他们的行为模式与自身的生理特征、心理状态及习以为常的活动方式密切相关。在扩大邻里活动圈中，行动障碍人群前往聚集活动的场所总是受到其自身文化情趣、爱好和习惯等的制约。一般来说，其公共交往的场地集中于一至两处，或在小区（或居住区）广场、绿地，多半利用现有的自然环境与建筑设施，并以露天活动为主要形式。因此，生活在扩大邻里活动圈中的特殊旅客，出于和同阶层人群迫切交往的意向和需求，乐意与"志趣相投"的人交往。

（3）市域活动圈

它是指以市区作为行动障碍人群的活动范围。他们前往此处的出行频率远远低于在扩大邻里活动圈内的活动。这类活动圈的出行时间较长，一般为 30～50 分钟，且活动半径较大。由于其自身活动的不便性，其出行方式多以乘坐私家车为主。这类活动圈的场所多为市中心广场与市级公园，市郊风景区与名胜古迹，市级商业中心和传统商业街、展览馆、博物馆等。虽出行距离较远，但目前到那里活动的行动障碍人群总人数居于各类活动场所的首位。

（4）集域活动圈

所谓"集域活动圈"是相对于扩大邻里活动圈和市域活动圈而言的，它是介于两者之间的行动障碍人群的活动范围，往往与市内行政区划的规模相近。这类活动圈的行动障碍人群外出活动频率仅低于基本生活活动圈和扩大邻里活动圈。当然，在特殊情况下，由于该范围内所设置的各种活动设施与场所的环境、活动内容、活动形式较适合他们的活动特点和爱好需求，往往可以促进行动障碍人群出行频率的提高。

四个活动圈层从内向外与行动障碍人群心理特征形成鲜明的对应关系。从核心的基本生活活动圈、邻里活动圈，到外围的市域活动圈、集域活动圈，行动障碍人群的行动范围依照安全感由高至低的方向展开。本书所涉及的机场场景就属于最外围的集域活动圈。在以往的研究中，集域活动圈是行动障碍人群活动频率最低的地方。然而随着现代社会人口流动的增加，行动障碍人群也逐渐开始突破自身原有的活动范围，向外围的活动圈层转移。

对比四个活动圈层，其核心的差别并不在于地域距离属性，而在于行动障碍人群对圈层内环境、物品、人物等的熟悉程度。也就是说，只要我们在外围的市活动域圈和集域活动圈中为行动障碍人群营造熟悉的环境，他们的出行意愿和行为模式就会被改变。

- 行动障碍人群行为模式特征

众所周知，行动障碍人群活动领域意识不仅受到其社会背景、生理特征、心理需求、行为习惯和伦理观念的影响，而且还受到所处环境与活动场所的制约。行动障碍人群的活动领域，依据活动的形式与特征，可划分为下列三个相互独立同时又相互补充的层面，形成完整活动领域的结构体系。

（1）成组式活动特征

行动障碍人群需要有一个安全领域空间，在此空间内不受到外界的干扰，并具有一定的私密性、防卫性和明显的排他性。他们的生理特征决定了个体活动领域的空间尺度，由于生理特征导致的不便性加剧了行动障碍人群的孤寂感，降低了其交往期望值，导致独尊性与自我型活动。

当行动障碍人群个体活动领域意识逐步降低和自身防卫空间缩小时，由众多个体共同参与某种集体活动所构成的领域称为"成组活动领域"，而其共同所有的领域空间又称为"成组活动领域空间"。行动障碍人群个体活动领域具有暂时性、相对性和有条件性，并随着他们的活动形式、环境条件及身心特点的不同而变化。

（2）复合式活动特征

它是由多个行动障碍人群成组领域或多种形式的成组领域所构成的复合式活动领域。其中，各个成组领域之间存在着一定的分离性，而内容相同的之间又有强烈的内聚力，各个领域之间又有一定自由度和选择性。该领域为行动障碍人群提供了娱乐和交流信息的机会，缓解了行动障碍人群的孤寂感。

它是指行动障碍人士在相互交往和参与公共活动时，在其社会背景、文化层次、特长爱好、生活价值、年龄层次及健康状况等因素的激发下，在交往中所产生的互为吸引和共鸣的内在感应。此类围聚大多是集中式的，且常常有其他人旁观。这种主动性与协从性的活动，有助于活跃气氛和提高愉悦之情。

它是专指在不同地理区域、气候条件及季节时间等条件下行动障碍人群的活动意愿与行为特征，它显示出行为活动与时间矢量之间交织和互动的关系。暂且把不同季节、地理区域和天气撇在一边不论，就是在同一季节的不同日子，如平时与节假日、上午与下午，行动障碍人群的出行方式与活动特征也不尽相同。在南方城市中的老人时域性选择多于北方，他们可能会上午到茶馆中品茶、听戏或闲聊，下午参加残联等组织举办的社会性活动。而在北方，气候干燥少雨、风沙时起，且绿化相对稀少，迫使行动障碍人群只好选择那些既能遮挡风沙又能沐浴到阳光的场所，如凉亭下和封闭的长廊中。

诺特阶曾经说："所谓地域性概念涉及空间范围内的行为发生和能产生与特定地理学上的固定空间场所有关的防御性反应。"行动障碍人群在特定的地区和专门空间中进行这种习惯性的活动行为被称作"地域性行为"。行动障碍人群一般不会轻易改变在所熟识环境中活动的行为特征。当然，行动障碍人群的地域性是相对的、有条件的，会随着季节、时间及活动内容的变化而改变。但行动障碍人群喜欢优先光临那些自己常去且有熟悉的和"情投意合"的朋友的地方。即使家庭搬迁之后，他们也会经常乘车前往昔日的活动场所以补偿内心业已形成的地域活动意识。行动障碍人群活动的地域也与环境设施的文脉性相关，对富有文脉特色的传统民居、古建遗址、历史古迹和集市广场等有较强的依恋。另外，他们的行为活动特征还反映出他们的价值取向。

三、服务体验的感知要素

2015 年，国际工业设计协会第 29 届年会宣布了工业设计的最新定义。该定义阐释了设计是旨在引导创新、促发商业成功及提供更好质量的生活，将策略性解决问题的过程应用于产品、系统、服务及体验的活动。它是一种跨学科的专业，将创新、技术、商业、研究及消费者紧密联系在一起，共同进行创造性活动。在此概念中，设计的对象从"造物"扩展至商业模式、生活方式等领域，而设计的手段也从微观的、对物的研究拓展至系统的，对服务、体验、宏观策略的统筹研究。进而，新的概念已经定义了设计学科是一种跨学科的专业。

交互设计是一门研究"人"的学科。它旨在研究人与产品、人与服务在交互过程中产生的感知、体验等问题。交互设计也是一个不断变化的专业。戴国忠教授在《智能时代人机交互的一些思考》一文中提道，人机交互是一个不断变化的领域，这种变化是对科技进步、社会需求不断变化的响应。因而，交互设计学科所研究的范畴也从最早定义的"人机交互"——人类和计算机组成的二元空间，上升到由人类、计算机和环境组成的三元空间。顺理成章地，特定的空间环境中的人和物的关系成为交互设计研究的重要对象。而这种关系在交互系统中则体现为"服务""流程"等具有纽带作用的关键元素。对服务、流程和人的研究需要拓宽交互设计对狭义的人机关系的理解，从更广阔、多学科融合的层面对交互设计的领域进行研究。

1. 满意度研究方法对机场服务体验的决定性作用

自 20 世纪 50 年代以来，世界航空业得到了空前的发展。全球的航空运力达到了前所未有的高度。一方面航空的运力提升增加了航空线路，线路的增加也促进了旅客数量的爆发性增长。另一方面，运力的提升、旅客数量的增加也让航空服务成为制约民用航空业发展的瓶颈。随着航线和旅客数量的增加而来的，是航空业务的平民化趋势，它让航空出行成为一项普及性的通用出行方式。这也让与航空业务相关的服务资源变得紧缺。与航空相关的服务资源大致可以分成两个部分，一个是航空公司，另一个是作为交通枢纽的机场。而机场又是其中较为复杂的服务场景：一方面它服务于每一位从机场出行的乘客；另一方面它又必须从商业端服务于航空公司，为航空公司提供起降、停靠、地勤等服务。因此，机场是一个连接航空公司和乘客的重要渠道。机场的服务品质对于旅客的出行体验来说至关重要。

基于多学科方法融合的满意度研究更有利于解决服务系统的复杂问题，但如果将其生搬硬套在服务设计中，不但不能取得好的效果，反而可能适得其反。学科融合是大势所趋，但单纯的拿来主义并不能为学科建立起系统的研究框架。当下我们在设计研究中经常使用的用户调研的方法很多都是以社会学的田野研究为基础的。但是针对当前需要解决问题的特点，以及我们自身的学科特征，任何从其他学科引进的方法都必须经过改良，并和设计学科原有的研究流程和方法论体系相融合。我们今天所熟悉的设计学领域的用户研究的方法实际上已经经过了众多的设计研究从业者在实践中多次的迭代和修改，并最终形成我们今天成熟运用的范式。

同样，我们今天面对的服务设计的问题也需要进行这样的方法论的迭代、进化和整合。在用户体验领域，用户的满意度、动机等一直以来都是研究者们所关注的话题。这些来自心理学的理论和方法通过把与人相关的行为因素、时间因素、状态因素进行量化，以此来分析人的目的、动机及行为的关联性，从而为设计提供更好的依据，为更准确地解决需求问题提供更清晰的思路和限定性条件。ASCI 及 SCI 用户满意度综合评价指数的指标体系已经成为用户体验业界公认的可信的用户体验量化指标。从 Fornell 等研究人员最早在瑞典提出的 SCSB（Sweden Customer Satisfaction Barometer）到美国 ASCI 用户体验指数模型的诞生，相关的 SCI 满意度指标体系已经经历过了上百个版本的研究验证和迭代，并且相关的体验指数模型已经成为商业应用一个重要的考核指标。比如汽车业和服务业的满意度考核就已经严格应用了 ASCI 的考核标准。可以说，服务设计中的实证研究方法和手段，是未来设计研究从业者解决复杂系统的设计问题的必要手段。

2. 满意度研究对交互设计研究方法创新的价值

交互设计学科所面向的研究对象具有特殊性。它天然具有跨学科的特点，通过对交互设计方法论体系的综合运用，能让服务设计研究者从人文及实证科学的两个角度对服务系统所处的"人造社会场景"——这一特殊的场域进行剖析。这样才能让我们在混沌的趋势和错综复杂的事件中看清前路，探索出可行的路径，让设计研究者对市场发展保持高度的敏锐度，时刻把握住市场的脉搏同步前行。交互设计领域的范围由微观到宏观可以分成多个层面：从纯视觉界面到自然交互，从微交互到具有生态圈特征的虚拟社群、用户社群的社群交互的管理和运营，从个体交互行为拓展到群体、社群以及人和自然的交互关系，从理论到设计方法，在交互设计的学科体系中都有具体的阐述和指引。我们也逐步通过交互设计在设计研究实践中的运用认知到，交互设计学科的方法和观点不仅仅能让我们设计眼下的智能产品、互联网应用，还能让我们以更发展的眼光看待我们所处的世界，让我们能够更好地和社群、自然界构建更和谐的互动共生的关系。

第 3 章

服务场景与服务组织的交互关系

/

根据中国民用航空局、国家发改委、交通运输部《中国民用航空发展"十三五"规划》，到 2017 年，中国大陆共有 229 个城市机场，预估到 2035 年年底，机场数量将增加到 400 个以上。目前，中国民航事业正以惊人的速度发展壮大，而民航事业的发展并不仅仅体现在机场数量上，还体现在机场的服务质量之上。

服务设计的早期描述侧重于提供创造性和功能性的服务，包括规划和塑造服务体验的可用和有形元素，设计师将无形的体验转化为有形，如人物角色、用户旅程图、服务蓝图、场景、体验原型、故事版等，通过服务创新提高用户满意度，提高公司效率和竞争力。同时，也有另一种观点认为服务设计是一种以人为中心的设计思维方法，是以人为中心的更关注利益相关者的服务体系，通过服务设计对服务系统（人员、技术、资源）进行优化改良，从而为企业创造价值。在如今的服务经济时代，服务设计在社会中发挥的作用愈来愈大，也为社会经济的发展创造了巨大的价值。

服务设计在中国起步并不久，但服务设计在中国有巨大的市场需求，以人为本观念的普及也表明了服务设计行业的巨大潜力。在交通行业，服务设计的应用也越来越广。机场的规划建设与公共交通系统的规划有许多相似之处，通过服务设计能够为机场的建设提供更符合大众需求、更人性化、体验更佳的方案和建议。

机场的服务系统由多个服务触点构成，这些触点间的连接是构成机场服务系统的重要组成部分。用户从进入机场到完成一个个不同的任务，达成不同的目的，都需要有相对应的交互行为去连接，通过对用户在不同触点间交互关系的研究可以更容易发现服务系统链条中存在的问题和解决方案。本章节希望通过对行动障碍人群在机场服务场景中的交互关系研究，给机场的发展建设提供参考建议和评判标准，同时也引发社会中其他公共服务空间进行思考和改良行动，一起为行动障碍人群的出行提供更优质的服务和体验。

第一节
场景对行为模式的影响

对行动障碍人群的行为特征和生活习惯进行研究分析，对在特定场景中理解行动障碍人群的行为和动机起着重要的作用。本书通过广州市残疾人协会的帮助，对六户伤残程度不同的行动障碍人群家庭进行了深访（表3-1）。通过深入研究行动障碍人群的家居环境，我们可以进一步了解场景对行动障碍人群的限制性因素，以及如何突破环境的障碍因素。家庭环境，应该是行动障碍人群感觉最为安全，也是最为方便的场景。通过深访，我们发现，行动障碍人群的家庭大多因应障碍人群的障碍特征经过深度改装。因此，行动障碍人群在家庭环境中的便利性、行动性是最好的。他们在家居中的行动与健常人无异，并不需要其他人的辅助就可以自主地满足起居饮食等基本需求。而要达到这一点，家居中的设施设备的适应性改造必不可少。

表 3-1　障碍程度分级表

用户序列号	障碍程度（伤残等级）	年龄	社会融入度
01	四级（下肢萎缩不等长）	62岁	中等：平日会出门唱戏、饮茶
02	三级（单大腿缺失）	56岁	高等：运动员，经常外出参加羽毛球比赛
03	四级（单小臂缺失）	45岁	高等：开办汽车修理厂，每日上班
04	四级（下肢萎缩）	55岁	高等：喜爱运动、旅游，希望融入社会群体
05	三级（单大腿缺失）	42岁	中等：平日除了日常工作外较少社交，会经常进行亲子活动
06	四级（轻度残疾）	38岁	高等：希望能像健常人一样深入融入正常的社会活动

行动障碍人群在公共场景中的的行为模式问题，我们可以分为两个部分加以理解：一是心理因素对行动障碍人群在公共社会生活中产生的障碍性及影响，二是生理缺陷补全及辅具设计对公共社会生活中行动障碍人群融入性的影响。

● 心理因素层面

行动障碍人群因为其创伤经历所产生的心理特质与健常人群的心理特质具有本质的不同。创伤经历让行动障碍人群对生活圈外的场景具有天然的惧怕感，也是为此，才产生了上述的安全感依次递减的基本生活活动圈、扩大邻里活动圈、市域活动圈、集域活动圈四大圈层。这四个圈层也是他们的感知从熟悉到陌生的四个行动范围层。如前所述，打破心理上的陌生感、不安全感是行动障碍人群在公共社会生活中获得感知提升的首要条件，也是鼓励更多行动障碍人群打破心理障碍，融入社会群体的第一步。

● 生理缺陷补全及辅具设计

行动障碍人群的障碍性问题主要体现在行动的障碍因素当中。它在环境中的障碍性是显性问题。大部分的通用设计及无障碍设计都是通过"生理补全"的方式解决行动障碍人群的障碍性问题。但此种方式缺乏对行动障碍人群行为模式的深入了解，所提供的解决方案大部分都是表面的，并不能真正对行动障碍人群在公共社会生活中的行为进行合理的支撑。通过前面对行动障碍人群居家环境的深入研究，我们发现行动障碍人群的行为辅助器具分为辅助类器具和专用类器具两类。这两类的辅助器具在使用场景和用途上具有本质上的不同。

1. 辅助类器具

辅助类器具是辅助行动障碍人群进行日常起居的行动辅助工具。此类器具多用于帮助行动障碍人群进行姿态、体位等的改变。此类器具在他们日常生活中最为常见的是拐杖以及高低不同的各种方凳。拐杖的使用可帮助行动障碍人群借力进行从坐姿到站姿的转变。而方凳的使用灵活得多，它可以为行动障碍人群在位置转移、体位改变、方向改变等多个方面提供帮助。同时，方凳还能为他们提供如倚靠、支撑等其他的作用。在对行动障碍人群居家环境的深访和研究当中，他们比喻方凳的使用是行动障碍人群进入障碍生活之后需要学习的"第一课"。方凳的形态特性对行动障碍人群的行为支撑具有多方面的优点。其一，方凳上面是一个平整的平面，方凳的平面方便行动障碍人群借力及支撑。在使用的实际感知

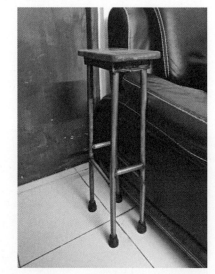

图 3-1 辅助器具：方凳

上，方凳的支撑度甚至较拐杖更优。其二，方凳四条扎实平稳的凳腿也能为行动障碍人群提供心理和物理上的安全感。其三，方凳没有任何扶手的特点，让行动障碍人群可以方便通过其进行位置和方向的转移。方凳辅具有非常多的优点，但也有其缺点。方凳辅具的缺点就是它的移动性和便捷性都比较差，在生活中基本不能携带出门。

2. 专用类器具

专用类器具在行动障碍人群的生活中与辅助类器具承担着不同的角色和功能。这一类型的产品主要以出行产品为主，行动障碍人群会根据出行距离的不同而选用不同的轮椅工具。在短距离的行动范围内，他们会选择轻便型轮椅；而在长距离出行行为中，他们更偏向选择具有更富功能及收纳特性的残疾人出行代步车。

表 3-2　行动障碍人群出行辅具

轻便型轮椅		短距离出行 空间较大的室内	代步
残疾人出行 代步车		长距离出行	代步

辅助类器具和专用类器具两类产品的使用在行动障碍人群的生活中占有重要的角色和地位。这两类产品相辅相成地为行动障碍人群构建了一个他们熟悉的、便捷的生活场景。对行动障碍人群生活场景中相关辅助类器具产品的剖析，有利于我们思考在公共场景中如何构建便利于行动障碍人群出行的相关设施、环境以及服务。在以往的无障碍设计中，因为设计师缺乏对行动障碍人群生活场景及障碍行为的具体研究和分析，所以往往解决问题过于片面，只能从身体机能缺失的角度入手，从表征层面去解决问题，如在公共场所中设置众多的扶手、斜坡等"行动障碍辅助设施"。但这类设施的设置一方面脱离了行动障碍人群本身的行为模式，另一方面增加了行动障碍人群对环境的陌生感。

因此，这种相关辅助类器具的设计是适得其反的。在设计过程中，我们应深入地思考行动障碍人群的行为特征、心理特征及生活场景，把他们所熟悉的场景特征及习惯的行为方式引入社会公共服务场景设置当中。如我们就尝试把方凳的概念引入机场的私密检查室设计当中，为行动障碍人群在拆卸假肢等过程中提供更为熟悉和便利的操作空间。该设计落地之后得到行动障碍人群的赞许，并获得国际机场服务创新奖。

第二节
机场服务系统构成

一、空间架构与信息架构

机场服务系统是一个复杂的系统，它包括了物质看得见部分与软性看不见部分两个大分类。物质看得见部分包括了进行服务所必需的服务空间、服务触点。软性看不见部分包括了服务流程，服务人员的话术、姿态，服务信息内容等部分。看得见与看不见部分相互协作构成一个完整服务系统。服务流程串联起各个服务触点，并且与每一个旅客行为互相关联形成服务系统与旅客的交互关系，最终通过服务空间的载体形成不同的服务场景。服务空间是所有服务系统的载体和"容器"，根据不同的服务流程，又可以分为不同的场景。在机场的服务系统中，大致的服务流程可以分为值机、安检、等候、登机、到达五个。而这五个服务流程环节都发生于同一个机场航站楼的服务空间当中。因而，机场的航站楼空间根据不同的服务场景，其空间布局、服务设施等服务触点的配置、服务人员的安排都有所区别。本章节将从服务系统的构成，以及各个要素与用户行为的交互关系的角度进行逐一剖析和拆解。

1. 机场服务系统的空间

公共服务空间存在众多共性。首先，在服务对象方面，无论是车站、地铁站、码头，还是机场，这些公共服务空间每天都服务于各种各样的人群，是社会和城市的一部分。其次，在功能方面，它们除了要完成作为交通枢纽的任务外还承载着促进经济发展、社交、娱乐等的功能，很好地诠释了"公共"

二字；最后，在社会效应上，这些公共服务空间都是所处城市的一个缩影，它传播着城市的文化精神，体现着一个城市的精神风貌。

（1）机场空间的公共服务属性

机场是个庞大的公共服务空间，在拥有其他公共服务空间的共性之外，它的个性也十分突出，这归因于机场虽然也是一个旅客的出行空间场景，但并非地面的交通出行方式。机场与地面出行空间的不同之处主要可以归为：第一，安全差异：机场除了防爆检测之外还有专门的行李安检和人身安检区域，对安全的要求更高。第二，流程差异：从进入机场到登机，旅客在机场里面的操作流程相对其他公共服务空间更烦琐。在候机前，相对复杂的流程设定也归因于机场系统的庞大、安全系数的高，以及飞行工具的限制和要求。这保证了机场航班有条不紊地开展运作，也保证了每个旅客的利益和安全。第三，时间差异：相对于其他公共出行服务空间，如高铁站、车站、地铁等，机场在时间安排上与众不同。国内航班大部分要求提前 90 分钟到机场办理登机手续，国际航班大部分要求提前 120 分钟到机场办理登机手续。旅客在机场的时间相对来说很长，所以这也要求机场本身的面积较大，可以增添多元化的服务帮助旅客度过在机场的时光。第四，形象差异：机场与国际相连，它往往是国际旅客抵达后接触的第一个目的地空间，也是离开时接触的最后一个空间场景，对于国家和城市的文化精神的传播有着代表性的意义。

无论是机场还是其他公共服务空间，面向出行场景的公共服务空间要如何与时俱进，在今天该如何满足大众社会日渐提高的要求，这需要综合分析具体场景下的服务系统与空间条件，并将两者的信息进行高度的交换和匹配。

（2）机场空间的人文属性

因为机场服务系统的公共性质，决定了机场服务所面对的用户类型是多样的。多样的用户类型必然导致用户需求的多样化。因此，机场服务空间中对不同角色人群进行分类分析对于提高机场场景的服务质量至关重要，针对性研究服务对象的需求是提供个性化高质量服务的基础。对于机场旅客分类的问题，赵振武等学者基于旅客分类的机场安检系统研究，针对机场吞吐量增加、旅客结构多样化导致安检环节排队等待时间加长、安检部门服务品质下降的问题提出了解决方案。其方案是建立对不同旅客的风险等级识别和筛选的体系，通过给不同风险等级的旅客提供不同安检服务流程，从而在降低安检部门工作量的同时能够提供给部分旅客更快捷安检服务。这个风险筛选体系是与国际航空运输协会（IATA）和国际机场协会（ACI）联合开发的，与名为 Smart Security（SmartS）的安检系统相似，可合理分配安检资源，缩短安检等待时间。缩短安检等待时间的确是从根源上解决安检等候体验不佳的最直接途径。但值得一提的是，风险筛选体系对于乘机旅客来说也可能会带来其他风险和问题，比如，第一，部分旅客因被区别对待从而出现不满；第二，在高峰期旅客人数增多的情况下，旅客的等待时间会增长；第三，旅客排队等候时心理上的焦虑并没解决。

机场是一个面向世界所有人群的公共服务空间，在这个千人千面的场景下，要将所有旅客完全分类，难度非常高。根据旅客出行的不同场景，机场服务的旅客分类属性应该有不同的侧重。在强调功能和安全性的区域当中，我们应该建立以风险筛选体系为指标的旅客分类方式，如针对改进升级安检区域服务可以通过风险筛选体系将旅客分为高风险旅客和低风险旅客。而在强调体验的出行服务场景当中，我们应当建立以用户感知需求为指标体系的旅客分类方法，如以旅客出行目的和状态为原则进行分类。根据前面对旅客的研究和数据分析，我们可以根据旅客不同的出行需求和状态，将其分为悠享派、效能控、抗压者、飞小白四类人群。这四类人群在机场中的行为状态、情绪状态、服务需求各有不同。

● 悠享派指的是喜欢在机场中进行探索、社交、食购、静处、送迎，把机场当作一个多元体验空间的旅客。其中，探索是指以猎奇、游览为目的对机场空间有明确意图的探索行为，社交是指在共同场景、共同语境及共同需求下出发的话题交流行为，食购指的是主动将餐饮购物等需求集合于候机周期内解决的行为，静处指的是利用机场候机空间进行休息、娱乐等身心状态调整的行为，送迎指的是以旅客送迎为目的的等候、问询、寻找的行为。悠享派的旅客往往不太在意时间成本，会预留3~4小时提前到达机场，把在机场候机的时间当作旅游的一部分。他们对机场的各个流程比较熟悉，对机场内部的新设施新服务比较感兴趣，也乐于大胆尝试体验。悠享派旅客对环境的新鲜感、娱乐性、多元性的需求往往相对更大。

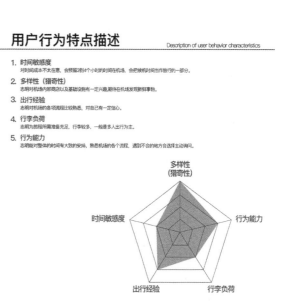

图3-2 用户模型构建一

● 效能控指的是把机场看作高效出行媒介的人群，他们在候机时的状态多为计算、学习、疾行。计算指的是为控制成本而进行的针对时间、路线、资金等要素的核算行为，学习指的是在行动中有意识地进行信息积累、知识探索以累积经验的行为，疾行指的是因卡点、晚到而产生的寻找捷径或急速奔走的行为。效能控的旅客时间敏感度相对较强，会精心计算到达机场和登机的时间，尽量减少在机场消耗的时间。他们大多行李较少且不爱托运，因为这样能节省等待提取行李的时间。这类旅客出行经验大多丰富，不喜欢闲逛，需求偏向于功能效能上的增强和提高，偏爱更便捷快速的服务。

图 3-3　用户模型构建二

● 抗压者指的是将出行看作成长与考验的人，他们在出行过程中承受着比较多的压力，精神常处于紧张状态。行李负荷多、托儿、伤残、领队是这类旅客的主要特征和状态，行李是身体机能上的压力，而托儿、伤残、领队是精神上的压力，处理这些压力让他们的出行成为一场考验。抗压者旅客的主要需求是更有针对性的服务，例如特殊服务空间、更便捷安全的办理流程以及一些相关的工具等，这些服务在减少他们出行压力的同时能让他们获得更多出行的快乐体验。

図 3-4　机场旅客用户画像

● 飞小白指的是首次乘坐飞机的旅客，他们对机场的空间和流程都比较陌生，需要机场提供更多指引和辅助，帮助他们了解乘机流程，完成相关手续。他们在机场场景中的行为动线会与其他三类有所不同，在没有机场出行经验的情况下，不同的人会有不同的情绪和反应，这些变化更多是基于飞小白本身的生活习惯和行程当天的具体情况。

通过对机场出行人群需求的分类研究以及对机场中服务和空间的关系研究，我们不难发现用户、服务、空间三者的关系。用户在机场这个庞大的系统中可以被视为一个因子，机场通过服务系统流程的规划能够为各种各样的用户提供满足其目的且舒适合理的服务，再根据服务流程的顺序以及用户这个因子在服务流程中的具体情况进行空间功能、空间尺度、空间布局的设计和划分。服务流程让用户行为和动线有序且集中，而空间的功能、尺度、布局则是在此基础上的深化，让场景中的服务更好地呈现和完成。

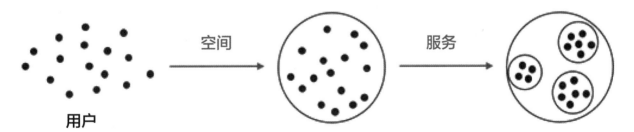

図 3-5　机场服务空间关系示意

2. 机场服务系统的信息架构

在服务系统的交互设计当中，信息是非常重要的一个环节。服务系统中的信息包括了服务系统设计的内容、服务流程环节、服务进度、服务反馈、客户信息等部分。在服务系统的交互设计当中，信息内容、信息架构的合理性直接影响用户与服务系统的交互行为，并直接关系服务体验的质量。机场服务系统当中的信息架构更为重要，它的合理性决定着旅客出行流程的顺畅度。机场服务系统中的信息架构与一般的服务系统（如餐厅、酒店等）不同，机场的信息架构明显分为两个大的部分：一是机场的服务信息架构，旅客的航班信息、值机信息、安检和候机信息都属于该类信息架构之下。二是机场空间信息架构，它肩负着机场空间中的导航与引导作用。但是空间信息架构与服务信息架构在机场空间中并不是完全相互独立的两个体系，它们相互辅助构成机场系统的整体信息交互体系。两者直接互相融合，在空间信息架构中，每一个服务触点的信息必然包含旅客出行的具体信息内容。比如登机口的信息内容除了要包括空间指示中的登机口编号，还必然同时动态地呈现该登机口各个时段的航班信息。两者又相对独立，服务信息架构根据不同的出行流程而设定，贯穿整个服务系统的交互流程；空间信息架构则根据空间位置而设立，为用户提供基于空间位置信息的导航与引导。

（1）机场服务信息架构

机场服务信息架构是基于旅客在不同的出行流程阶段对应的触点所构建的，所构建的内容模型从宏观角度看包括各个机场出行流程的操作行为（例如出发大厅阶段、安检阶段、候机阶段、登机阶段等），而从微观角度看则包括了该流程场景中具体的多个服务触点（例如咨询台询问、自助值机托运、人工通道值机、安检、母婴服务区等）。

（2）机场空间信息架构

机场的空间信息架构是基于机场功能和机场的服务流程进行规划和分配的，它的内容包括空间的功能、空间的尺度、空间的布局。空间信息架构与服务信息架构的结构很相似，也可以分别从宏观和微观的角度进行研究。从宏观角度看，机场空间的分割依据是旅客在机场的主要操作阶段所在的区域（也可以理解为机场服务的主要流程阶段所在的区域，它包括出发大厅、安检区、候机区、登机区等）；而从微观角度看，每个机场的功能都会分别具体对应到机场的每个小空间范围（例如咨询台、自助值机终端机、自助托运终端机、人工通道、安检通道、私密检查室、母婴服务区、候机区、廊桥等）。

其中，服务信息架构下的服务都需要相应的服务空间作为支撑，机场整体服务信息架构与机场整体空间信息架构从宏观角度到微观角度都呈现为一一对应的关系。

3. 机场服务空间中的服务触点

服务触点是机场服务系统与旅客进行交互时重要的组成部分，是组成服务交互界面的基本单位。机场的服务触点是连接服务提供方与服务接受方的界面，它包括了人与人的接触、人与物的接触、人与数字网络及应用的互动等。根据机场服务系统的构成，机场的服务触点大致可以分为物理触点、数字触点、人际触点。从旅客与机场的交互行为与接触界面看，它又可以分为隐性触点和融合触点等。比如用户到机场使用人工值机柜台进行值机操作，属于物理触点，而在手机上值机使用二维码登机、安检的旅客所使用的则是数字触点，行动障碍人群获取服务问询和帮助则属于人际触点。触点的选择和设计是服务系统中进行交互设计的重要环节之一。服务流程简而言之就是多个服务触点的连接。在机场出行服务中，机场出行服务就是由值机、安检、候机、登机、到达、提取行李等一系列服务触点有序连接而成的。服务系统的核心要素由服务空间、服务触点、服务流程、服务信息共同构成。

（1）物理触点

物理触点是指用户在实体有形的服务环境中发生直接性的交互行为。在机场服务系统中，物理触点包括了候机座椅、安检设施、行李车等一系列的物品。物理触点的提升是服务满意度改善的最直接和有效的途径。机场场景的服务在功能和体验层面对物理触点存在两种完全不同的需求：在功能层面中，旅客的通过性、时效性是机场服务系统的基本功能保障。现代机场作为城市中最重要的交通枢纽，机场空间——机场服务系统中最大的物理触点，设计的合理性决定了机场服务功能的效率。同时，机场其他的物理触点，如候机座椅的数量、行李托运设备的运转效率等都直接对机场的通过性造成影响。在体验层面，机场空间的光照度、座椅等物理触点的舒适性会共同构成机场服务体验的整体旅客感知。

（2）数字触点

数字触点是指用户在使用数字设备过程中与互联网数字设备界面发生的交互行为。机场服务系统中的数字触点包括了自动值机设备、手机中的机场出行服务软件、信息大屏和数字指示系统等。数字触点已经被广泛应用在移动应用领域当中，如手机应用中众多的出行服务、订票服务等都是人们与互联网服务产生的数字触点。随着互联网＋公共服务模式的兴起，机场出行服务中越来越多的服务功能往线上转移。比如机场值机已经可以通过手机在线进行。这样原有的物理触点就转变成为线上的数字触点。用户利用手机二维码可以轻松地完成安检 ID 验证、选座位、登机等一系列出行流程。然而数字触点和线下的物理触点、人际触点是相互衔接、互相配合的关系。在机场服务系统中，线上数字触点不能摆脱线下服务，独立成为一个出行服务的闭环。同时，线上服务还必须与线下服务进行信息交互，比如行李托运环节就必须在线下进行。而线上可以对行李件数、尺寸、航班信息、旅客信息进行完整的登记，并且把线上信息向线下系统传递，进而完成整个行李寄运、追踪、提取的流程。

（3）人际触点

在机场服务系统中，人际触点包括了旅客所接触到的所有工作人员。在机场的服务系统中，人际触点是整个机场服务系统成本最高、资源最稀缺的部分。人作为服务系统中不可或缺的部分，有着天然的亲和力，是服务系统中旅客最愿意接触的"界面"。然而，相较于大型国际机场的巨大工作量来说，服务人员的资源是非常有限的。特别是高峰时段，有限的服务人员往往不能为每一个出行旅客提供细致的咨询、引导和流程办理的服务。因此，服务系统中对服务周期中的高峰和平峰期的人际触点的调配，会影响旅客服务的响应度，进而作用于旅客的服务体验满意度。服务人员也不同于物理触点和数字触点，服务人员是有思维能力的个人，而不是被固化的程序或者具有单一功能的物品。当每一个服务人员能用心去思考旅客服务的时候，他们的行为、态度、话术都会让旅客感受到温暖和亲切，并且直接提高了旅客出行服务的宽容度，进而影响服务满意度。

二、服务流程的构成

旅客在机场的通用出行流程的定义是在机场出行的场景下绝大部分旅客都适用的乘机流程。通过对多个国际机场的优秀案例的分析，我们发现，先进的国际机场服务设施和服务流程都具备更强的通用性，机场中各类出行人群的出行需求也能通过使用相同的设备、体验相同的服务，获得相同的服务体验。例如，新加坡樟宜机场的自助安检服务，其更便捷的流程设计就是从针对部分旅客群体设计开始的，进而迭代升级至服务于所有旅客。

在大部分的机场中，通用流程是基于对正常健常旅客的出行流程进行设计的，并且在实际的应用中，再在此基础上根据不同人群的需求特点进行丰富和拓展，在部分功能上进行延伸或打补丁以满足极端情况的诉求。旅客在机场中的通用流程为：到达机场→防爆检查→值机和托运→安检→候机→登机。该流程通用性很强，能将所有旅客在机场的出行流程囊括其中，但具体的操作过程会有所差异。

以广州白云国际机场为例，在机场场景下，从进入机场到登机离开，机场的通用流程为：到达机场→防爆检查→值机和托运→安检→候机→登机。同一环节中不同的人群会面对不同的问题，他们有不同的需求，机场则会提供不同的服务。例如，在值机托运的过程中，行动障碍人群与健常旅客有完全不同的出行流程。健常旅客可以通过自助值机自助托运或者走人工通道，然而托运轮椅的旅客需要提前预订机场轮椅进行更换，再托运行李和自己的轮椅。我们此处先不展开对具体环节不同人群操作的差异，先对健常人群在机场的通用流程通过用户旅程图进行阐述。用户旅程和操作流程的区别在于流程强调每一个步骤中任务的完成，而旅程强调的是用户为达到目的按时间顺序操作的事情序列。虽着重点不同，但从研究机场服务的角度来看，根据用户旅程进行研究更利于对机场服务的分析整理。

图 3-6　机场旅客出行服务旅程图

如图 3-6 所示，我们可以看到旅客在机场场景中的通用流程，其中包含用户在流程中的行为和触点。在每个空间场景下，旅客通过与机场物理触点的交互，产生许多情境画面。此处虽将旅客在机场场景的通用流程进行了归纳整理，但具体到每个步骤的研究依旧缺乏细节。本书在后续章节中将运用对比研究法，将流程当中每个环节背后的利益相关者、利益相关者间的联系、服务供给侧的相关人员、服务供给侧的相关人员与用户流程的联系等进行对照和细化分析。

前文我们将机场中的触点进行了分类，分别包括了物理触点、人际触点、数字触点。在每个环节阶段中会有对应的一个或多个触点，其中用户与触点产生接触的时间不同，完成的任务也不同。多个触点同时构成一个场景的时候，它们之间的联系是在服务流程中无法体现的。因此，我们将同一阶段中的触点以及其背后的非可视的触点进行罗列，并将其关系以图示方式表达在服务过程中，这样可绘制出机场的服务蓝图。此处以广州白云国际机场健常旅客服务蓝图为研究对象，分为机场出发和机场到达两个部分：

扫码看图

（1）机场出发部分

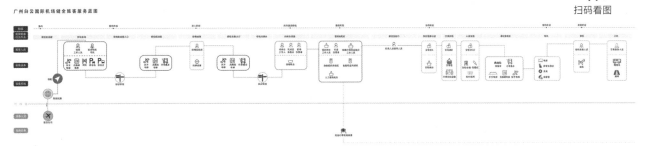

图 3-7　机场出发流程与服务环节

在机场服务相关系统的机场出发部分中，我们可以直观看到作为供给侧的机场为旅客提供的触点以及它们之间的联系。在每个阶段，旅客接触到不同的设施设备，接触到不同的工作人员，这些构成了机场通用出行流程的服务系统。每个触点与触点之间的通路也是服务系统的一部分，尽管这些通路有的用户可见，有的不可见。以前往候机为例，它处于安检结束和开始候机之间，旅客在这个阶段最主要的活动是移动或等候。但这一场景是旅客在机场整个出行流程中行走最远的一段路程，在这段路程中旅客会和机场服务系统产生很多触点，比如商铺、洗手间、母婴室等。虽然这些触点对于每个旅客来说都具有差异性，不同旅客根据自己的时间因素、喜好因素接触的触点都不尽相同，甚至同一个旅客在不同的时间所选择的触点也不同，但这些不起眼的触点却是机场服务系统中关键的一环，这些触点的丰富填补了服务流程中的服务空隙，让旅客在前往候机时有了更多的选择，减少了行走过程中的枯燥乏味。

如果把一个服务流程比喻成一个乐曲的话，任何一个服务流程都应该是有"节奏"的。在交互设计当中，我们与产品的互动会根据人的情绪变化、任务的属性、交互行为的复杂程度在流程设计上适当地营造紧张或放松的节奏和气氛。这就如我们在听一首优美的乐曲，应该有快慢的节奏变化。交互设计中的节奏变化在游戏交互设计中体现得特别明显。没有节奏变化的游戏流程是一个沉闷的游戏，用户不可能在紧张的气氛中获取游戏的刺激和快感。但是过于紧张，没有适当放松也会让用户的精神陷入高度紧张和不安状态，在一定时间的游戏后他们会被迫放弃游戏。因此，在机场出行的流程设计上，我们需要将节奏的设计引入服务系统设计当中，让服务流程中具有功能性、任务性的里程碑节点更加紧凑，迫使用户在这些任务行为中投入更多的注意力，从而减少出错率。根据我们对机场出行旅客的观察，旅客在出行流程的行为中的心理变化是多样的。在到达值机大厅、寻找登机柜台、值机、托运行李、安检等一系列的行为当中，他们通常注意力会较为集中，目标感强。在旅客心中，寻找值机柜台、排队安检等是最难以把握的不稳定因素。他们会认为只要完成值机、安检等一系列行为，他们就等于完成了值机最重要的手续和流程。因此，他们在这一阶段注意力会高度集中，并且任务感非常强烈。一旦完成了上述流程，他们的精神状态就会立刻放松。因此在安检后到登机前，更多的商业和休闲空间就成为他们可以放松心情、享受个人休闲时光的合理触点。

机场服务空间作为机场服务系统中的一个最大的触点，往往在设计中并没有考虑到用户的心理和行为流程的节奏。当下的机场虽然在空间的设计上对人流的动线、流通性、通过性等因素做了充分的考虑，但就用户的心理节奏而言，空间触点的设计与整体出行服务流程节奏设计是脱节的。

（2）机场到达部分

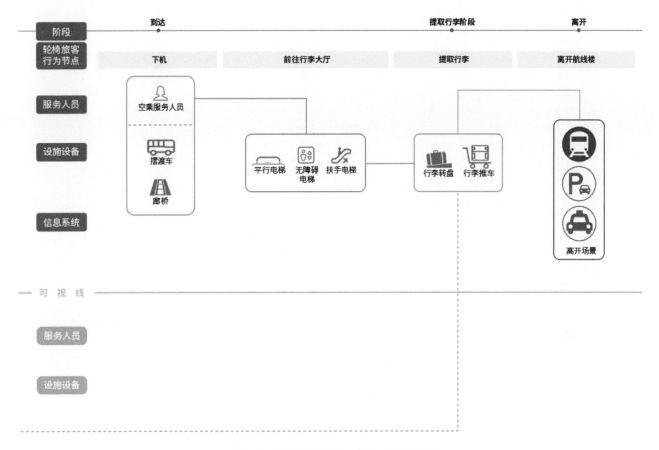

图 3-8　机场旅客到达流程与服务环节

机场服务系统中的旅客到达流程和出发流程，是构成旅客机场出行流程系统的两个最重要的模块。
机场服务系统中的旅客到达流程较出发流程简单，主要由旅客下机、提取行李、离开控制区、接驳
地面交通几个部分组成。在到达流程中，机场服务系统与旅客的交互界面种类更少，它多属于物理
触点和数字触点。但旅客的到达流程所涉及的用户角色数量较出发流程更多，除了旅客自身之外，
还涉及接机的亲友等角色。不同的角色流程在机场达到流程中会有截然不同的行为路径。比如接机
的亲友角色，他们会在到达机场后直接到接机大厅等候落地的旅客。同时，他们在等候过程中可能
会不停地刷新旅客乘坐航班的落地信息。因此，旅客的航班信息是否透明直接影响接机亲友角色的
等候行为、心理状态。旅客落地流程与亲友角色的接机流程只有在到达大厅才会汇合在一起。旅客
落地之后都在禁区之内，所以他们从登机口行走至托运行李提取转盘，再离开禁区进入出发大厅，
这一行为流程都是旅客独立的流程。然而，在实际观察中，我们发现旅客到达之后通常会迫不及待
地与接机的亲友联系，他们这样做一方面可以减少亲友的等候焦虑，另一方面也让他们更清楚离开
机场后对接的交通和出行方式是否已经安排，减少心中的不安定感。

三、流程与服务配置关系

机场的服务流程是串联起整个服务系统中各个环节的重要纽带。如前所述，服务系统中包含了多个不同的场景以及场景中千差万别的服务触点。而这些触点并不是分散的，更不是相互割裂的，它们是由一个无形的链条联系起来，并且互相牵制、协调、促进和共存着。这一个无形的链条就是"服务流程"。服务流程的构成一方面来自业务流程本身的设定，另一方面也是对服务资源条件的反映。服务流程是否能顺利推进，或者用户对于服务体验的感知都受限于服务资源条件。但是在以往的设计当中，服务资源条件一直没有被设计研究者所关注。

服务资源是一个服务系统中最重要的组成部分，就如汽车的燃料、发动机能源。即便一个完善、精密的机器系统，如果缺失能源的话，它也只能是一堆废铁。因此，服务资源在服务系统中的存量是设计师在设计该服务系统时需要考虑的首要问题。同时，服务资源在服务系统中不是平均分布的。也就是服务资源的配置不是平均的。在服务系统当中，往往与用户越紧密的部门和服务环节获得的资源越多，为服务系统提供利润越多的用户获得的资源越多。服务资源获得配置越多，意味着在服务系统中的优先级会越高。这种无形的配置方式决定了服务系统中对权力、经济利益等的权重方式。虽然流程的规范性能充分体现服务系统对每一个用户、每一个流程的公平性和平衡性。但服务系统内在的资源配置却能够让这一天平无形中形成倾斜。我们通过实地调研可以观察到，在机场服务系统当中，虽然有众多的行动障碍人群的服务站，而且每一个服务站中的服务流程、服务细节都清晰地列印在墙上，但是，服务站中的服务人员配置却是不足的。实际上，在行动障碍人群的服务过程中，行动障碍人群往往需要在每个环节等候至少 30 分钟以上。

的确，用户服务资源的配置在实际商业实践中会被众多因素所牵制。其中，最重要的决定因素就是经济效益关系。如果是能为企业带来良好经济效益的用户群体，他们在服务系统中获得的资源配置一定是相对有保证的。但是作为社会弱势群体的行动障碍人群，他们获得的服务本身就具有公益性质，而且行动障碍人群获得的服务往往还受其生理的障碍性因素限制，所以他们获得的服务需要的服务资源却是最多的。因此在机场无障碍人群服务中就产生了一个矛盾的问题：高服务资源需求与低投入回报的矛盾。清晰认知这一矛盾有助于服务设计研究者们通过服务设计的手段巧妙地解决这一看似矛盾的难题。比如，我们一方面可以通过灵活的资源配置方法来协调服务系统中的经济效益与投入产出的问题；另一方面还可以通过设计的方法，通过软性的宣传和品牌塑造让企业在行动障碍人群出行中的资源成本转化成企业的口碑和品牌塑造。这些方法都能在让行动障碍人群获得良好服务体验、服务资源保障的同时，也让企业能获得良好的效益，最终达成双赢的局面。

四、服务资源与需求配比

如今，在诸多大型繁忙机场中，空中交通需求已接近，甚至超过机场资源的供给，频繁引发资源"供"与"求"之间失衡的情况。因此，机场飞行区资源调度的任务主要是确保资源的"供"与"求"之间相互匹配，使供求关系达到平衡，让机场飞行区资源调度最终可达到提高资源效益，优化飞行流量，增强飞行性能，达到缓解拥堵的目的，从而推动机场资源的规划、管理和使用方式由粗放向精细的转变。

机场飞行区的资源管理对机场内部资源的再分配为满足更大的机场吞吐量提供了巨大的帮助，相同的资源量，不同的分配方式能发挥出不同的效率。

机场飞行区与航站区、进出机场的地面交通系统都是机场服务的主要执行区域。作为机场服务职能的主要呈现区域，航站区、进出机场的地面交通系统和飞行区有巨大的相似之处。在资源分类上，机场部门的划分比较系统与具体，因此在具体的宏观区域中进行资源分类和资源调度都有明确的分工和安排。在飞行区的资源一体化调度中，有三项主要的管理，包括进场管理、离场管理、场面管理，这是根据机场飞行区空间的宏观划分进行分类的管理方法。同理，我们在研究航站区、进出机场的地面交通系统的过程中也可以以宏观的空间划分为依据对资源管理进行相应的划分，例如我们可以将航站楼区的资源管理分为出发大厅管理、安检区管理、隔离区管理；再基于宏观的资源划分进行微观的资源调度划分，如值机资源调度、托运资源调度、安检资源调度、候机区资源调度、服务娱乐资源调度、登机资源调度等。

在研究机场飞行区资源调度和提升的框架体系中，基础的核心是理论方法，而理论方法涵盖了三个部分：供需分析、优化调度以及使用评估。这三个部分对于理解资源调度内涵、寻找资源利用提高方法、相关措施实施落地可行性评估有着指导性的意义。在进行第一步资源供需分析的过程中，对于飞行区的有限资源，他们采取了对供给资源的量化处理方法，通过数字的方式对资源进行整理罗列，并在此基础上建立数学模型。这个方法能够通过信息化的方式将资源以数字的方式呈现和比较，对于计算机领域和时间分配领域等可量化信息的整理有巨大帮助。但该方法相对于服务体系的创新和服务制度等的帮助就稍显逊色了，因为在研究不可量化的资源时，信息优化、排列组合以及资源的拓展并不能根本性地提出有效的方案。

在资源优化调度中，他们使用的方法是对资源的整体进行"个量"和"总量"的拆分，建立起相应的研究框架，在此基础上再进行对应的资源调度优化方案构思，用宏观的方法解决总量的问题，用微观的方法解决个量的问题。这种方法是通过对资源进行分割进而缩小问题的范围来实施的，因此能够帮助更加有针对性地找到解决问题、优化方案的办法。相对数字模型，这种构建框架的办法更加灵活，且更注重每个要素之间的联系。对于资源调度的优化而言，这种方法体现了资源之间紧密的关联以及宏观调度与微观调节之间的区别，能够在提升资源优化效率的同时，保持整体资源的稳定运作。

在进行了资源的供需分析和调度优化之后，我们还需进行一步操作，即资源使用评估。资源使用评估指的不单单是测试资源优化调度方案是否生效，更关注的是方案的安全性、效率、灵活性、可预测性、可用性与公平性等，这些指标的观测已经成为飞行区资源使用评估的重要评价指标。

对于机场飞行区的资源调度优化研究还有飞行区与航站区、进出机场的地面交通系统的相似之处，我们可以得出适合研究航站区、进出机场的地面交通系统的相应方法。针对航站楼内的通用服务流程、交互触点设置进行服务资源与飞行区的最大差异是服务类型的不同，飞行区的主要功能是服务飞机的进场、离场、停靠场面管理，而航站楼的主要功能是满足旅客在登机前的值机、托运以及等候、提取行李等需求，大部分资源都是作用于与旅客直接接触的服务之中。

航站区要满足其内部旅客的出行需求，就必须先对航站楼内资源总量有所分析。以广州白云国际机场为例，航站楼区一层为旅客行李提取区，共有行李提取转盘 21 个，其中国内有 11 个，国际有 10 个；二层为国内出发区、到达混流区、国际到达区及中转区；三层隔离区外为国内、国际值机大厅，隔离区内是候机区以及登机连廊。三层的值机区共有 13 个，其中 C 到 J 区共 8 个，为国内值机区，K 到 Q 区共 7 个，为国际值机区，H 和 L 区为自助行李托运终端机区。每个值机区包含 28 个值机柜台、4 个功能柜台、2 个开包检查间（位于区域末端），每个值机区最多设有 20 台自助值机终端机（位于值机区入口之间的中间区域）。除了服务触点空间、服务触点硬件设施资源以外，我们还需要研究在不同服务触点区域投入的人力资源。

在机场通用服务流程中，旅客接触到的交互触点主要涉及空间、物件、工作人员。在这三者之中，资源分配的难度和灵活性有所不同。空间资源的分配相对困难，搭建一个新的功能区域需要的时间更长，无法应对突发的资源需求，但可以建立对应的功能空间以满足旅客特殊的需求。物件资源的调配所需时长取决于物件本身的可移动性、是否现有。例如自助值机终端机，因其体积小，方便移动，所需空间也较少，因此作为物件资源，调配成本并不高，灵活性较强；相反，因为可移动性弱、占用体积大等原因，导致其一样作为物件资源却无法轻易调配。最后，工作人员作为机场通用流程中的人力资源，是灵活性最强、调配成本较低的选择。在高峰期时，将关键触点，如自助值机、自助托运终端机，区域的引导、人工值机通道的人员配比加强，是机场航站区人力资源充分调配利用的很好案例。

这些交互触点的设置和服务资源配比飞行区的管理难度更大。飞行区的飞机进场、离场、场面管理是基于航班网络以及地面空间管理实现的，它存在着与其他机场系统的联系，是一个比较稳定、逻辑更缜密的体系，有较强的稳定性。而航站区资源与机场其他区域联系不强，主要是为满足旅客登机前的服务而分配，资源服务的对象是旅客本身，旅客的数量、旅客的行为、旅客的特殊需求等是资源分配的主要依据。一天 24 小时在机场航站区的各个触点都随时可能会发生影响资源使用率或影响资源调配的事件，大量的不确定因素以及航站区内本身的资源种类也要求航站区的服务资源调配相对需要更加灵活的方法做支撑。

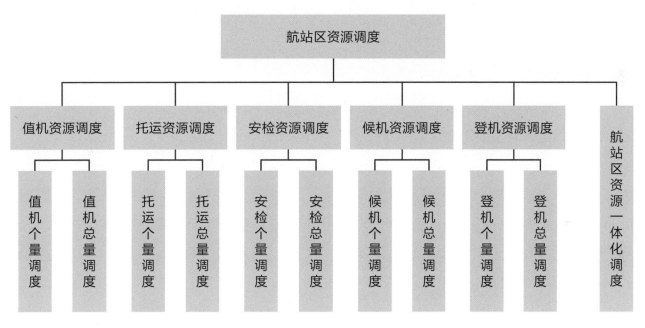

图 3-9　航站区资源调度图

交互触点的设置可以为旅客提供更好的服务体验，同时也能提高服务的效率，提高服务资源总量。在对航站区资源进行分类后，本书从资源的"个量"和"总量"进行资源调度优化方法的阐述。

在值机资源调度方面，值机资源包括了自助值机终端机和旁边的引导人员，以及人工通道的值机人员。个量调度侧重于特殊情况或紧急情况的人员调派以及自助值机终端机的触点分布，而总量调度侧重于不同触点旅客需求供给关系是否匹配的关系。其中，紧急情况或特殊情况的人力资源调度主要可以从可调配人力资源预留的角度进行优化：从宏观角度看，可根据不同时段和人流大小进行供需评估并分配相应的硬件设施和人力资源；从微观角度看，可以为满足旅客在特殊情况的需求或在旅客需求量超过供给量预期的情况下准备后备资源或资源援助。

在托运资源调度方面，托运资源不如值机资源。自助托运、人工托运、特殊行李托运、开箱检查区占用的空间更多，可移动性较低。托运资源的个量调度侧重于根据实时情况灵活调度人手，而总量的调度则侧重于基于航班数量和规模对人力资源的提前规划和安排。从宏观角度看，因为旅客托运比值机所需操作步骤更多、耗费时间更长，所以托运这个频率高、时间长的步骤所需的资源调配也应更加稳定与有计划，对供需关系和人力资源的提前安排有利于提高服务的稳定性与质量。而从微观角度看，人工托运的工作目前有一部分被自助托运终端机所替代，但在自助托运终端机还无法被所有人接纳及满足所有人的使用需求时，人工托运仍需承担大量的托运工作量，在调配托运个量资源时亦可根据实际情况分配人手以应对供过于求或供不应求的情况。

在安检资源调度与登机资源调度方面，两者的资源总量与个量的调度都与托运资源调度相似，其硬件资源调度难度高，交互触点的设置一般在机场建设时就已按照能满足最大工作量或满足未来发展需求而规划妥当，后期变动较少。因此资源调度大部分属于人力资源的调度，以激活某些交互触点或保证和提高交互触点的服务质量。

而候机资源调度则更接近于值机资源调度，其硬件设施资源的调度较为方便，在候机区也有更多的空间以满足交互触点的设置。同时，因为候机区的人力资源本身的流动性较大，调配也更加方便，所以候机区资源调度的优化调节在宏观和微观上都与值机资源调度相似。从宏观角度看，候机资源能动性较强，在候机区的工作人员日常安排可以根据客流量的多少以及需要服务的种类而做长期和临时的调配；而从微观角度看，为提高候机的服务质量，人力资源的调度可适当提高灵动性以及增强人力资源的管理和把控，在资源分配和资源预留上制定更多的策略。

航站区作为一个整体的资源系统，在空间硬件资源上有大量的交叉，在人力资源调配上也有许多交集，航站区资源进行一体化的调度能够让不同种类间交叉的资源更合理，得到更充分的利用。综合考虑了值机、托运、安检、候机、登机等资源的需求量，结合对航站区内各类资源总量和可调度资源总量的了解，我们可以将单方面的资源问题通过多方面的资源调配解决，将航站区系统的资源进行联合配置以实现更高的调配效率和资源利用率。

第三节
服务空间及触点人因工学分析

对于公共服务空间中的行动障碍人群与场景的交互关系研究，我们可以从人因工学进行切入。人因工学涉及多种学科，包括生理学、心理学、管理学、工程学、安全科学、环境科学等，应用领域十分广阔，但对于它的名称和定义各国专家并未统一。在国内，朱祖祥教授主编的《人类工效学》一书对人因工学的定义是它是一门研究如何让"人—机—环境"三者构成系统的设计符合人体结构和生理心理的特点，以实现三者的最佳匹配，使不同条件下的人能有效、安全、健康和舒适地工作与生活的科学。可以说，人因工学是交互设计学科的基础。只有当产品和服务系统适合于人的行为和认知尺度，具备最基本的产品可用性和交互性，才能在此基础之上建立良好的用户体验。

在行动障碍人群的产品和服务研究当中，因为行动障碍人群生理缺失的特征，往往该类人群的服务在公共服务中成为短板。从人因工学的角度研究行动障碍人群在机场各处的交互关系是因为行动障碍人群行为的障碍程度更高，他们的适应性更弱。因而优化他们与设备和环境的交互关系对于提高他们机场出行的体验至关重要。机场属于大型的公共服务空间，服务范围和深度相对其他公共服务空间都处于更高的水平，通过从人因工学的角度可以对机场服务场景中行动障碍人群交互关系进行研究，可以为行动障碍人群在大部分的公共服务空间中的交互关系提供可参考案例和标准，且具体到"人—机—环境"三者构成的系统空间尺度之中，对理论的实践有重要的意义。

一、空间及触点的尺度关系

在公共服务空间中，行动障碍人群的许多动作与行为之所以障碍程度高，是因为行为与动作本身的难度或生理上的距离接近或超过了其身体的生理边界。每个人的生理边界都有所不同，但通过对大部分或标志性的用户进行人因工学尺度的研究和探索，可以得到适用于更大部分人的生理边界数据。将这些数据运用于设备设施以及空间尺度的设计中，将会让人与设备、人与环境的关系更加融洽，从生理物理上达到基本的可用与舒适。探索行动障碍人群的生理边界是从人因工学角度分析他们在机场场景下"人—机—环境"的交互关系的重要手段和途径。

以轮椅旅客为例，轮椅是他们日常生活中最常用和最必需的辅助设备，他们的行动与行为大部分会长时间受轮椅的限制，其生理边界的研究可以理解为其在轮椅上的生理边界。

在生理上，由于大部分的行动障碍人群长期生活在轮椅上，与健常人相异的生活方式和生活习惯会导致他们身体的某些机能与同龄健常人士相比有所差异，因此应当将他们在速度、力量、耐力、灵敏、柔韧五方面身体素质上的差异考虑在其生理边界的研究当中。以轮椅旅客在机场空间中的生理边界为例，在机场中，空间的信息、空间与空间之间的信息都与旅客本身的生理边界有所关联。对于行动障碍人群来说，空间的尺度要求以及空间与空间之间的尺度要求都与健常人群的要求普遍不同，其异于健常旅客的生理边界应作为机场特殊服务空间的空间尺度标准，及作为公共服务区域的更高标准。其中，对于各个服务功能空间的尺度要求主要体现于空间内设备交互和布局的尺度、空间本身容量面积的尺度，而对于空间之间的尺度要求则主要体现于空间之间的距离、空间之间位置的布局关系以及其提示信息是否符合视野视域的范围。

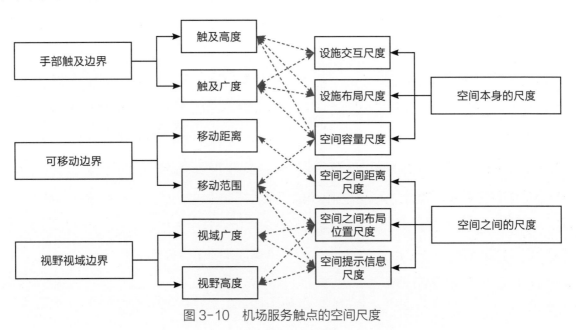

图 3-10　机场服务触点的空间尺度

轮椅旅客的手部触及范围与健常人坐在座椅上的手部触及范围边界相似，视野高度也比较接近。但与站立的健常旅客相比，他们的手部触及范围、视野高度和视域广度完全不同。他们在轮椅上不能站立和跳跃，导致手部触及高度边界更低，不能弯腰和倾身导致手部触及广度边界更小。手推轮椅的体能消耗大，导致一次移动距离有限。轮椅的移动方式是在平面之上移动，手扶电梯无法通行，这也导致其移动范围会在某些区域受限。受轮椅高度的限制，视野的高度会更低，关键信息的获取会相对处于较矮的位置；因视野高度较低，一般的柜台或人流等会成为视线的遮挡物，大量的遮挡物以及本身视野高度较低会导致视域广度的大幅度下降。这些异于健常人群的人因关系特点，足以支持为他们建立新的导视系统以及空间服务系统，这将会是机场服务优化极致化的一大亮点。因此只有对行动障碍人群的生理边界以及与机场空间的人因关系独立进行研究，才能真正建设好对行动障碍人群友好的服务空间。

在心理上，行动障碍人群的心理状态也会有所不同。环境因素和与健康相关行为因素在残疾人与抑郁症之间的关系中扮演着重要的角色。合适的环境也就意味着生理和心理上能使他们感到舒适轻松的环境。行动障碍人群的心理状态往往比较敏感，除了合适的空间尺度，空间颜色、空间氛围、空间设备等都能够对其心理造成不同程度的影响。

1. 服务空间尺度的暗示性

行动障碍人群与健常人群不同，他们不仅在生理上具有缺陷，在心理上也会留下因为伤害事件造成的心理创伤。因此，在日常的行为当中，他们较健常人更害怕受到二次伤害。在日常行为当中，这通常反映为他们对所处环境的"掌控感"。比如在他们熟悉的家庭环境中，他们会完全放松。他们在家庭中的行动速度和反应速度与健常人无异。但在公共空间当中，他们的行动就会显得迟缓。主要原因在于他们对环境的不信任和不安全感造成他们在做行为决策的时候出现滞后和延缓。在各种公共空间中，他们对小空间的信任感和亲和力相较于大空间更佳。小空间因为其尺度"小"，具有封闭性的特点，因而对于行动障碍人群来说更容易"被掌控"和"被了解"。而大空间因为其尺度巨大，可变因素众多，对于他们来说意味着不可控和难以完全了解的场景。因此他们对大空间的服务场景天然具有惧怕感。机场的服务空间就是属于这样的大空间。在健常人群的认知当中，机场空间的宏大、宽阔代表了城市形象和文化特征。但是在行动障碍人群的认知当中，机场宏伟、庞大的建筑，众多的信息和功能空间让他们在内心中产生更多的恐惧和不安。因此，在机场这种大型的公共服务空间中，我们应尽量避免在空间尺度及空间布局设计中，人因关系漏洞在心理上生理上带来的消极影响。在设计上，我们可以让行动障碍人群通过生理上的边界，确定空间的面积和位置，以及设施设备的尺度与放置位置，从而建立起内心中的"边界感"，并且通过确定空间内的颜色和氛围以及服务标准等，尽量让他们在空间中感到轻松与舒适。

从生理与心理两个角度看待行动障碍人群在机场空间的"人—机—环境"之间的关系有助于将每个服务空间的具体场景进行拆解和分析。根据人因关系的分析判断，我们可获得行动障碍人群在空间内每个细节的相关痛点，针对不同的痛点，可以从人因工学的角度不断优化服务并达到理想的服务标准水平。

2. 服务流程中的触点人机尺度分析

在研究空间与人的关系时，我们无法避开人机尺度的问题研究。行动障碍人群与机场空间的服务相关触点数量庞大，他们与这些服务触点间的人机尺度关系问题相对健常人群更多、更复杂。以轮椅旅客出行为例，从人因工学的角度分析，在机场值机托运、安检、候机三个主要出行流程的服务相关触点中就存在以下几个尺度问题。

（1）值机托运环节：在旅客到达机场后，第一步通常是选择咨询或直接进行值机托运。在互联网发展极其迅速的今天，广州白云国际机场在每个值机岛前布置了自助值机终端机。该终端机外观造型主要是竖直的底座加一个倾斜的操作面板，健常旅客操作起来比较方便快捷，但对于轮椅旅客来说，该终端机并不符合基本的人机尺度。第一，在手部触及范围的分析角度上，自助值机终端机的底部是竖直的造型，轮椅旅客并不能像健常旅客那样正面操控操作面板，他们需要侧身才能更靠近终端机从而实现操控。第二，在手部触及高度分析角度上，自助终端机的高度较高，臂长较短的轮椅旅客无法接触面板顶部的按钮，容易造成危险。第三，在视野高度的分析角度上，自助值机终端机没有可调控的高度，也没有可移动的面板。其操作面板最低处距离地面 1.08 米，操控面板区域几乎都处于轮椅旅客的头部位置以上，轮椅旅客需要保持抬头才能获取操作面板的信息。第四，在视域范围角度的分析角度上，自助值机终端机的操作面板为方便健常旅客操作，设计成与地面呈接近 60°的角度，但对于轮椅旅客来说，这样角度的倾斜面板会造成反光，从他们的视域角度来看，几乎无法获取反光区域的信息（如图 3-11）。

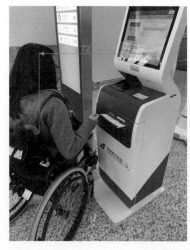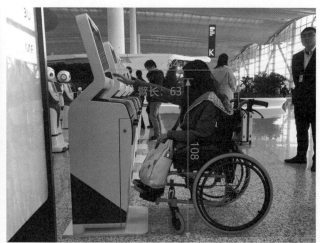

图 3-11　行动障碍者机场值机行为分析

（2）安检环节：在安检环节中，轮椅旅客最先接触到核验身份的柜台，然后接触到安检门和安检人员探测或者私密检查室。这个环节中，存在两个令人极为困扰的触点人机尺度问题：第一，安检门的宽度仅能满足轮椅通过，若轮椅旅客自己推着轮椅前进，两侧手臂会被安检门两侧阻挡，导致无法前进。第二，轮椅旅客的轮椅检测目前仍需工作人员使用金属探测仪人工检查，而在这个过程中，下肢障碍的轮椅旅客需要暂时站立或者移动到另一个平台上等候配合工作人员的检查。在转移身体并配合检查的过程中，他们需要的帮助有三个：固定轮椅、提供手扶支撑点、提供适合的转移位置。然而现实中这个过程只满足了第一个。这三个帮助是轮椅旅客在安检过程中保证安全保证不受二次伤害的重要交互触点，应当从人机尺度的角度为其安全和舒适提供保证和支持，将人机尺度数据使用于设施设备和空间的配置和建设中（如图3-12）。

图3-12　机场安检空间尺度分析

（3）候机环节：在候机过程中，轮椅旅客可以选择进入特殊旅客休息区休息。该特殊旅客休息区可以为特殊旅客及其同行伙伴提供休息的地方以及登机提示等服务，但其中的设施设备仍缺乏对轮椅旅客等特殊旅客的人机尺度考虑。就如该区域的座椅，若休息区的座椅舒适度低以及转移过程危险系数高，轮椅旅客得不到身心的舒适与放松，这就无法体现该休息区的特殊之处以及对特殊旅客的关怀，它的功能与名称也就无法匹配（如图3-13）。

图 3-13　机场行动障碍人群候机区现况

从人机尺度的角度分析服务空间中的人机交互问题，可以从空间设备触点的物理尺度上找到影响旅客服务交互体验的硬件问题，在硬件的配备和设置中加入人机尺度的系统分析可较低成本地从源头解决问题并获得长期的成效。严谨遵循人机尺度规则，并以此为基础标准打造适合大部分行动障碍人群的相关服务触点，将会是未来公共服务空间建设的必然趋势。

表 3-3　各触点中的行动障碍人群行为尺度分析

	安检处临时坐凳	饮水机	自主值机终端机	身份信息安检处	特殊旅客值机柜台
轮椅旅客					
健常旅客					

3. 行动障碍人群行为尺度分析

（1）行为灵活性低，且行为空间尺度需求大

轮椅旅客是行动障碍人群中较为特别的一类群体，他们有一定的独立行动能力，但又不能达到与健全人群行为能力相同的水准。他们在日常设施设备的使用中对尺度的要求不同于健常旅客，也区别于其他行动障碍人群，他们对设施设备尺度较为敏感。因此关于行动障碍人群机场出行的尺度研究，本书主要选取轮椅旅客的相关信息与数据同健常旅客进行对比与分析，以了解行动障碍人群机场出行中的行为尺度特性。

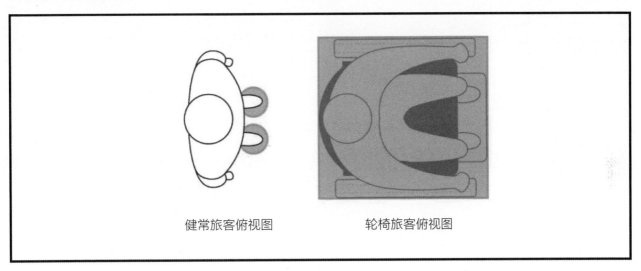

健常旅客俯视图　　　　　　轮椅旅客俯视图

图 3-14　健常旅客与轮椅旅客俯视图

行动障碍人群行为灵活性低，且行为空间尺度需求大。轮椅旅客因坐姿状态使得其高度较低，与此同时，对于身体舒展空间的尺度需求较大。据对轮椅旅客行进与停靠的行为模式观测结果显示：在相同空间尺度的安检通道中，轮椅旅客通行时空间表现紧凑；但健常旅客通过时，空间有足够余量。轮椅旅客除了在行为活动中需要较大空间，其在静态下所需空间也较大。轮椅旅客在面对相对比较垂直的立面时，通常是与该面呈现一定的斜角切入并靠近，例如机场中的自助饮水机、自助值机终端机、安检处临时坐凳、身份信息安检柜台等；而当垂直面设计有可放置其腿部的空间容量时，其通常会垂直正向面对。

轮椅旅客在行动时行为表现的灵活性也较差。健常旅客行走中以两脚交替接触地面行走，通过点的方式完成移动行为，灵敏度高；而轮椅旅客在行走中依靠轮椅两个轮子同时接触地面行走，主要是通过线的延展形式完成，灵活性较差。在有关出行的活动中，道路的通达性尤为重要。道路设施设备是否充分做到无障碍，严重影响许多行动障碍人群，尤其是轮椅旅客出行或活动的积极性与舒适性。

针对行动障碍人群出行中行为灵活性低且尺度大的特点，机场应避免较窄的空间设计，尽量采用开放式、宽广的空间设计，给足旅客活动的空间与增大活动自由，从而增加灵活性。

（2）适用设备尺度特殊

由身体缺陷（如残障）或外物限制（如行李负荷）导致的行动障碍，在旅客的行为中主要表现为：一是体能或力量不足，二是身体的尺度变化。同年龄段健常人群的手掌活动高度均高于使用轮椅者活动高度，上身没有损伤的轮椅男子与健常男子站立上举高度差约310mm，而女子间差值约280mm。与此同时，腿部的静态尺度差异也十分显著，人机尺度的差异使得行动障碍人群使用设备的尺度特殊于普通健常人群（见图3-15）。

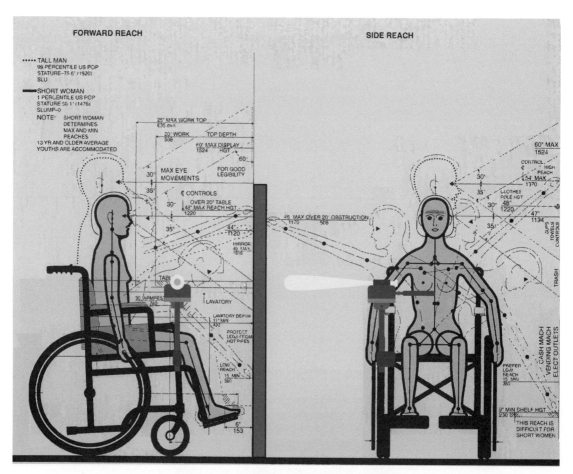

图 3-15　轮椅旅客相关人机工学分析

例如，机场自助值机终端机使用尺度的设计符合多数健常人群站立操作习惯——大屏操作界面倾斜角为25°，整体高度为157cm。但轮椅旅客由于身体尺度限制，致使其视平线较低，且手部操作范围也比健常人群小，因而，自助值机终端机的高度及斜角设计并不适合辅助轮椅旅客使用，反而给轮椅旅客阅读屏幕内容、触摸操作屏幕造成困难。

机场办票大厅内自助值机终端机统一标准化设计虽然能减少差异化带来的误解，但是没有充分考虑到轮椅旅客等行动障碍人群特殊的人机尺度关系。因而在机场设备选型及设计时，如机场的自助值机设备、身份信息检查柜台、饮水机等设备，我们应充分考虑这一行为障碍带来的差异化尺度，并在设计时进行合理的调试。

二、空间及触点的布局关系

机场各个服务空间的布局与机场整体服务流程的关系相对空间功能和空间尺度来说比较简单直接，在有限的场地空间中从宏观到微观布置功能分区的位置，调整空间尺度。空间布局的主要特性就是空间连通性、可靠度。它与机场整体服务流程的联系更多体现在用户在机场场景下的行为动线中。考虑到用户行为的不确定性，机场各个服务空间布局的规划需以机场整体服务流程为基础，通过布局引导旅客在一步一步完成出行目的的同时体验到自然舒适的服务（见图 3-16）。

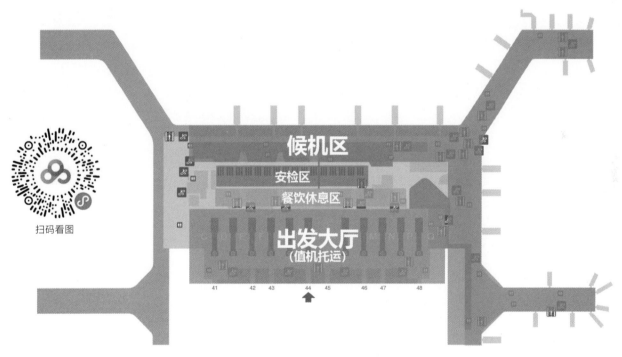

扫码看图

图 3-16　机场空间布局

以广州白云国际机场三楼的空间布局为例，旅客从 44 号门进入机场或从地铁、停车场等进入机场出发大厅后，其行为动线基本处于机场的宏观布局考虑之中。旅客在出发大厅办理值机托运后可以在餐饮休息区与朋友吃饭告别，接着通过安检区进入候机区，找到登机口位置候机或在候机区内游逛购物。

从宏观的空间布局来看，机场宏观布局与机场整体服务流程一一对应且保持清晰的、高度的匹配关系。而从微观的空间布局来看，微观的功能空间布局是基于宏观空间的尺度和布局再加以设置的，它与机场整体服务流程的关系更加深入细致，是宏观布局后的深化和聚焦。

在行动障碍人群的机场出行服务相关系统中，交互触点设置的数量、位置、质量，直接决定了用户的出行流程与体验质量。以广州白云国际机场为例，在实地调研跟访轮椅旅客的过程中发现，他们在机场中的交互触点数量普遍较多，但触点位置相对零散和不集中，这种情况会导致空间导向信息的传达难度提高，行动障碍人群空间动线杂乱，出行耗时更长，服务体验质量下降。

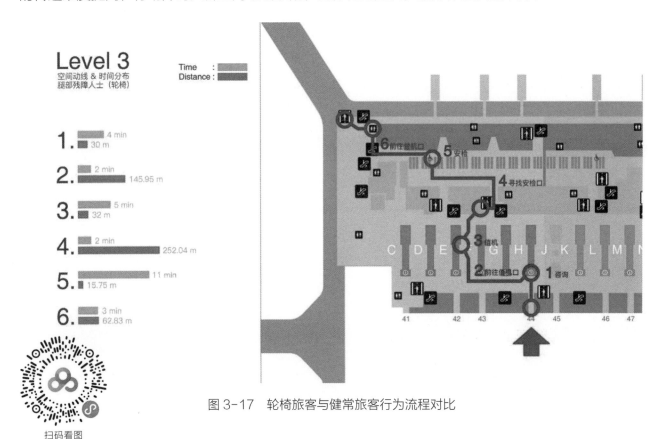

图 3-17　轮椅旅客与健常旅客行为流程对比

如图 3-17 所示，轮椅旅客从到达广州白云国际机场由 44 号门进入出发大厅，到前往咨询台询问，前往 F 值机岛特殊服务柜台值机，上洗手间，安检，前往候机区候机，每一个流程步骤我们都进行了行走轨迹的测量和耗费时间的记录。

在记录的数据中比较让人意外的是，轮椅旅客的移动速度并不比健常旅客慢，甚至在前往安检区的路上，速度比健常旅客更快。通过对轮椅旅客的访问，我们发现，他们在不同场景的心理状态是影响其行为变化的重要因素。当他们担忧时，移动速度会相对更快；当他们放松时，移动速度会减慢。心理的放松程度与其移动速度成正比。

安检前，在进入机场寻找咨询台及人工值机柜台时，他们精神状态是紧张的，因此行走速度比较快；完成人工值机，拿到登机牌，托运好行李，他们的心理状态和生理状态仍未得到放松，因为他们知道耗时最长的安检还未结束，此刻他们的移动速度是最快的。从值机结束到安检区的路程比较长，但轮椅旅客从值机岛移动到安检区仅仅耗费了两分钟，这是比健常旅客移动还要快的速度，可见他们在安检前内心的焦急和担忧。直到安检结束后，知道时间比较充足，他们的速度才有所减缓。因此，机场中针对行动障碍人群的服务相关系统在交互触点设置时应考虑：

（1）功能性：行动障碍人群是否能在系统中完成出行流程，交互触点是否能满足其基本职能。

（2）空间位置合理性：在服务相关系统中，交互触点设置对旅客动线是否有消极影响。是否可以在空间上对交互触点的位置进行调控，尽量降低行动障碍人群在机场中动线的复杂程度，减少焦虑紧张的时长。

（3）整体资源匹配度：交互触点的数量、顺序、资源能否进行优化，不同的排列组合和资源调配能否在合理利用资源的同时提供更好的体验。

交互触点的设置能实现机场各个区域的职能，同时，交互触点的设置与用户体验直接相关。在广州白云国际机场中，机场针对行动障碍人群出行流程的服务相关系统的交互触点设置主要关注点在于空间位置的合理性以及整体资源匹配度。

在交互触点的空间位置合理性上，部分的交互触点与轮椅旅客的动线相违背，如直梯位置与咨询台的位置安排，轮椅旅客乘坐直梯到达三楼的出发大厅走向咨询台距离较远，且与乘坐汽车到达机场出发大厅的旅客动线相冲，在咨询结束后前往特殊旅客柜台时，其动线与前往咨询台时相反。咨询台和直梯的位置直接导致了轮椅旅客在进入机场走向咨询台的体验感下降。而在整体资源匹配度上，部分托运柜台不能及时调配工作人员，导致托运效率低下，大量旅客需要排队等待较长时间才能完成托运。

行动障碍人群作为弱势群体，他们的出行体验无论在生理还是心理上都与健常旅客有所不同，只有将针对他们的服务相关系统中的交互触点进行更高要求的设置和调配才能体现出机场对他们的关怀。

第四节
行动障碍人群与健常人群出行服务比较

人的行为是由人的内在需求与外在环境共同作用的。而行为表现是人内在需求的一种表现。在建筑学中探究建筑物质环境与人类行为之间的关系，不仅仅只是研究可观察到的活动、习性，还包括知觉、认知、情感、偏爱和评价等心理过程。本章节通过影随法对行动障碍人群与健常人群机场出行进行观察及数据采集，并对其各方面行为进行对比，进而更为客观地反映行动障碍人群机场出行的行为特征与内在需求。

在实际观察测量中，本章节选取广州白云国际机场 2 号航站楼为观察测量地点，并选取人流高峰期与低峰期时段对 11 位健常出港旅客进行跟踪观察，而对行动障碍人群则只选择在高峰期时段对其进行模拟测试，因为高峰期时段能反映出行动障碍人群出行中的更极端的出行体验。行动障碍人群的模拟测试选取轮椅旅客、右腿假肢旅客及左上肢残疾旅客为对象并分别对其进行机场测试。通过对行动障碍人群和健常旅客的行为影随观察，我们发现，在服务流程、资源配置的共享性和独享性，服务系统的整体性与个性之间存在着众多的痛点和需求的矛盾点。

一、服务流程的比较

1. 行动障碍人群出行服务的复杂性

健常旅客的出港乘机流程通常情况下主要是防爆检查、值机、托运、安检、候机、登机这几个必要环节。对比健常旅客乘机流程，行动障碍人群乘机流程显得相对复杂。一方面，因旅客障碍情况增加了必要环节，例如义肢旅客必须进行的私密检查环节；另一方面，为减少行动障碍人群出行负担而为其提供区别于普通健常旅客的特殊服务，比如便于老年人、轮椅者等快速通过的特殊安检通道。

机场为其提供的一系列特殊化的服务，意图上是弥补其在行动能力上的弱势状态，使其出行便捷，而例如轮椅服务、特殊值机服务、特殊安检通道等，虽然可以让不同行动障碍人群有更适合自身情况、更便捷的出行选择，但造成机场服务的过度多元化且没有明晰的区隔与引导，增加了辨识与选择难度，从而导致行动障碍者实际乘机的整体流程更加复杂（如图3-18所示）。

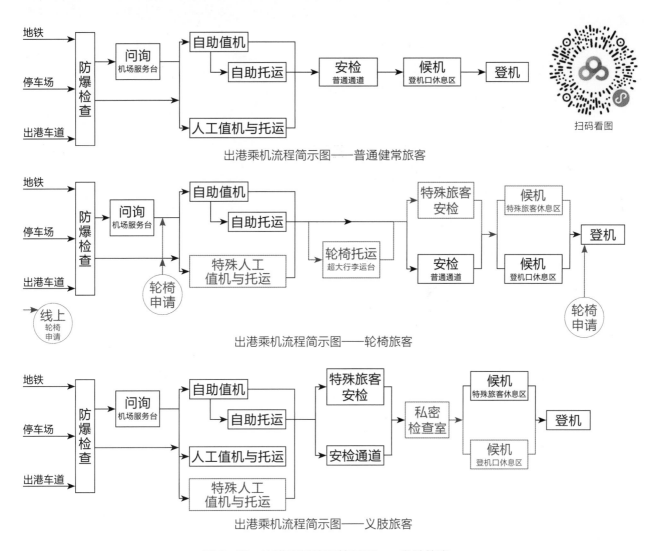

图 3-18　出港乘机流程简示图——义肢旅客

（1）不同障碍类型的差异化乘机服务

旅客障碍在一定程度上会增加机场服务的复杂性与难度，但不同的障碍状况会使得旅客在相同乘机环节上表现出不一样的行为差异。手部障碍的旅客在值机与托运等以手部动作为主的环节难度较腿部障碍旅客大，而其在行进环节相对行动障碍人群更为轻松。

旅客不同的障碍情况接受的出行服务也有所差异。在乘机中，机场对所有行动障碍人群有"特殊旅客服务"，轮椅旅客、老年旅客、残障旅客等都可享受特殊柜台值机托运、特殊柜台安检等服务，但即使是同样的特殊服务或其他服务，障碍不同的旅客出行中接受的服务仍是有差异的。例如从整体乘机流程看，义肢旅客有区别于其他障碍旅客的私密检查；从部分乘机环节看，轮椅旅客有上机舱的推送服务，南航针对不同轮椅旅客提供了 SRC 不同轮椅服务（如图 3-19 所示）。

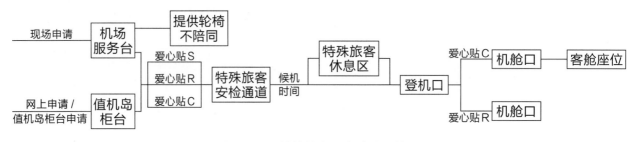

图 3-19　轮椅旅客爱心贴流程简图

（2）行动障碍人群行动路径的复杂性

为便于测量和对比行动障碍人群与健常旅客机场出行动线、时间等方面，以下特将健常旅客出行流程与行动障碍人群机场出行流程简化：

健常旅客：防爆检查—自助值机—自助托运—安检—候机—登机
行动障碍人群：防爆检查—自助值机（特殊柜台值机）—自助托运（特殊柜台托运）—特殊安检—私密检查—候机—登机

我们以此进行普通健常旅客与行动障碍人群的出行测量，通过对出行时间与动线的数据对比与分析，了解行动障碍人群机场出行中行为选择与行动能力表现特征。业务办理环节的时间消耗与各行进阶段的时间消耗在健常旅客与行动障碍人群中均表现出差异性变化。相关乘机业务办理环节的时间消耗波动大，时间消耗较大的主要原因是人工值机托运服务环节与安检环节，而自助托运与自主值机环节时间消耗较少。

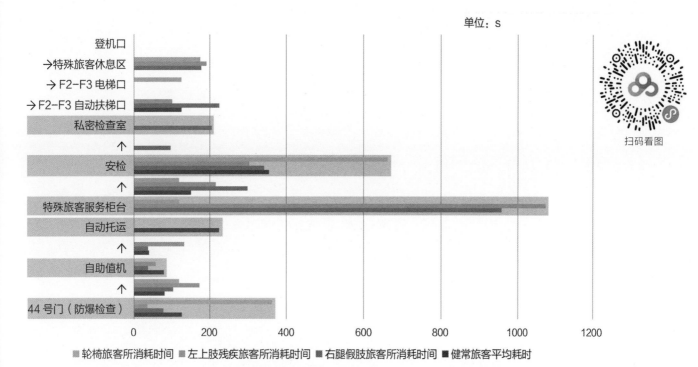

单位：s

图 3-20　健常旅客与行动障碍旅客机场出行各环节耗时对比

业务办理环节时间消耗的影响因素较多，例如等待、业务差异等。在时间统计结果中，值机、托运、安检等常发生等待的环节时间消耗较行进消耗时间长，且在各类型旅客中均表现出无规律时间消耗。这表明，行动障碍所导致的时间消耗差异的表现并不显著（如图 3-20）。

旅客在机场乘机过程中行进所消耗的时间在一定程度上反映了乘机流程的空间布局状态。乘机各环节的行进所消耗的时间整体表现较为均衡，防爆检查—值机托运、值机托运—安检、安检—休息区时间消耗均在 160s 左右，而自主值机—自主托运的行进时间消耗较小于平均值。自主值机与自主托运在空间布局中关系较为紧密，使旅客能在短时间内进行不同业务的切换。

不同类型旅客的行进时间消耗的差异与行动能力差异关联也并不显著，更多源于行进路线差异与个体行为能力差异。在防爆检查—值机、自助值机—自助托运、值机—安检动线距离相对持平的状态下，时而健常旅客耗时更少，时而轮椅旅客耗时更少。

（3）障碍情况对行为的影响

行动障碍较弱的旅客在值机托运办理的选择上与健常旅客差异较小，会更多地选择自助服务。在日常机场出行中，左手残疾旅客与右腿假肢旅客会更多地选择自助类服务，而轮椅旅客则会更多地选择人工服务值机与托运。在对实际的健常旅客与不同状况的行动障碍人群机场观测中可以看出，自助值机、与托运服务、人工值机托运服务的行为选择不同产生了旅客分流（如图 3-21）。

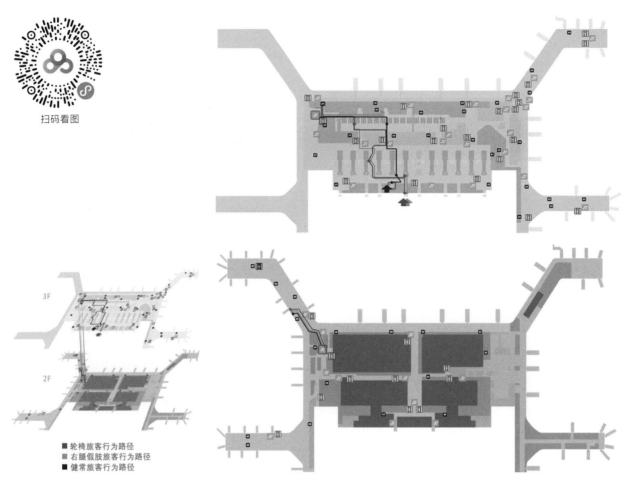

■ 轮椅旅客行为路径
■ 右腿假肢旅客行为路径
■ 健常旅客行为路径

图 3-21 健常旅客与行动障碍旅客机场出行动线对比

与此同时，旅客不同障碍情况对安检服务的选择也有影响。在旅客动线观测中，健常旅客与行动障碍人群安检选择不同。在通常情况下，残障人士、老年人、孕妇等行动障碍者会前往特殊安检通道进行安检，而非更近一点的普通旅客通道，而健常旅客通常会就近选择安检通道。在行动障碍人群日常出行中，行动障碍低的旅客同样会选择更近或排队更少的安检通道，而非较远的特殊通道。旅客障碍程度在乘机中对环节方式选择行为的影响，说明其选择模式通常以能更简单化完成乘机任务为目的进行行为选择。右腿假肢旅客在值机与托运环节往往选择更快捷、更易获取的自助服务。对于行动较弱的轮椅旅客而言，人工服务能一站式完成值机、托运环节，能减轻其出行负担并简化乘机流程，因而他们会更倾向于选择人工服务方式。

同样，在道路通道的选择上亦是如此，轮椅旅客只能通过电梯完成上下楼层的切换，而假肢旅客与健常旅客通常会选择上下扶梯的方式。电梯上下行对于轮椅旅客更为安全，对于行李负荷大的旅客则更为舒适。而假肢旅客与健常旅客选择扶梯则是因为其更容易获得。

2. 行动障碍人群出行服务的低效性

公共交通网络的快速发展，旅客出行方式的增加，使得出行的效率成为影响人们出行方式选择的又一重要因素。随着城市无障碍环境的不断完善，行动障碍人群出行已不单追求出行方式的舒适性、安全性，他们同样追求更高效快捷的出行方式。通过对有关行动障碍人群满意度调研分析，在价值感知各因素重要性排名中，测量量表数据的 IPA 分析结果显示，行动障碍人群把机场安检时间的重要性排在首位，这体现了行动障碍人群对于机场出行效率的追求。

表 3-4　满意度重要性排名

价值感知 满意度重要性排名					
检查指标	满意度	满意度排名	差异	重要性	重要性排名
C2 机场购物	3.159	2	0.027	0.949	3
C3 餐饮收费	3.41	6	0	0.929	6
C4 行李轮椅托运	3.519	3	0.003	0.923	5
C5 私密检查	3.502	4	0.024	0.953	2
C6 充电设备收费	3.491	5	0.038	0.934	4
C7 安检时间	3.526	2	0.068	0.958	1

然而在肢体残疾旅客与轮椅旅客机场出行的模拟乘机测试中，行动障碍人群完成整个乘机过程所花费的时间比健常旅客花费的时间更多。也就是说，行动障碍人群的机场出行效率更低。

（1）服务流程及引导不明晰降低出行效率

行动障碍人群机场出行服务流程相对机场旅客乘机流程复杂，而机场对于行动障碍人群所面对的复杂流程并没有清晰的说明与引导，致使出行者对流程及相关业务不熟悉，不能快速高效地将流程进行下去，从而降低其出行的效率。在访谈与实测中，行动障碍人群或健常旅客对于乘机的相关服务和特殊情况的办理流程并不悉知，使得其在临时选择服务、了解服务内容时花费更多的时间与精力。

因而，机场对行动障碍者乘机前期、乘机过程中的引导、宣传和介绍显得极为重要，前期的服务宣传、乘机前的相关信息告知是提高行动障碍人群乘机出行效率和体验效果的一种重要方法。

（2）服务侧内部信息系统不完善降低出行效率

一个完善且高效的服务系统不仅仅需要系统流程的简约化，信息连接对于整个服务系统的高效统一也是不可或缺的。服务侧间信息系统建立不够完善，会致使服务人员间信息对接不及时且不完善，从而降低了服务效率，影响旅客的出行效率。在行动障碍人群机场出行模拟测验中，安检人员间对私密检查时信息的传递如果不完善与不及时，也会使旅客在两个私密检查点之间往返并等待，消耗大量时间。

（3）服务资源不充沛降低出行效率

高效的服务离不开充足的资源配备，然而行动障碍人群机场出行中所需的公共设施设备的资源配备是不充分的。在调研过程中，行动障碍人群申请轮椅服务的时候，往往因轮椅数量不足需要临时调配，从而增加了等待时间。在人工值机与安检乘机环节，因特殊服务窗口和人员数量不充沛，也会使得行动障碍人群面临长时间的等待。

机场应尽可能地为行动障碍人群预留充足的设施设备或服务人员，以避免因资源不足而产生的时间等待。

二、服务触点的比较

机场出行是由一系列因素构成的系统，并非单一的行为活动，其中包含了机票订购、服务预约、前往机场、值机、候机、离开机场等多个行为场景。机场出行具有系统应有的整体性特征，应统筹旅客出行中设施设备、各环节的服务等各方面，使其感受到"一站式"的整体出行。然而在行动障碍人群实际出行过程中，由于机场不合理的服务划分、特殊服务不完善等问题常常使得行动障碍人群缺失出行中服务的整体感，而碎片化的服务更易让旅客产生低满意度感知。

1. 不合理的服务划分降低出行整体性

现如今机场不仅是陆侧和空侧的重要交通枢纽，而且还是集商业一体化的城市公共服务空间。随着国内机场规模的不断升级，机场运营管理更为复杂，机场协调航空公司等驻场单位所提供的服务及服务间的相互衔接更为困难。作为现代城市交通枢纽的机场，机场的功能已经不是单一的出行服务提供者，而是整合各个城市功能的一个缩影。因此在机场的服务系统中，如何协调商业因素、商业服务系统中多个角色和流程，整合城市服务的众多角色、功能，并把这些流程有机地融合到出行服务系统当中，形成一个整体的机场枢纽服务体系，是现代社会对机场枢纽服务提出的新挑战。多个职能、角色、服务内容、服务功能的共存，必然对服务系统中有限的资源形成争夺。我们在对机场行动障碍人群的调研分析中发现，行动障碍人群在机场整体服务中的资源占比是远不足以应对其需求的。这一矛盾体现在对服务空间、职能分工、流程的划分上。行动障碍人群到达机场、值机、安检、候机等各个环节，分别是由不同部门、不同驻场单位负责，而各部门、各单位相互间的服务范围与服务条件缺乏有效的整合与统一，碎片化现象较为严重。例如，机场与航空公司间对行动障碍人群轮椅管理与轮椅服务存在服务对象划分、服务范围、轮椅设备划分等多方面不统一、不协调问题，使得机场服务与航空公司的轮椅服务关联性低，服务衔接效果差，致使行动障碍人群出行的整体性减弱。

机场针对特殊旅客的服务是分散在各个环节和流程中的，通常在每一环节和流程中，机场和各航空公司都需要对特殊旅客进行重新区分与确认服务。正是机场对于各部门、各因素、各环节的碎片化管理，服务的不连续性和服务的强针对性，导致旅客机场出行的整体性体验降低。因而机场不仅需要管理协调好内部多个部门，还需要协调好航空公司及驻场单位的服务对接，并将机场中的各个因素和环节融合在一起形成统一的整体，为旅客打造完美的出行体验。对于大型机场而言，只有确立机场协调管理的主体地位，形成统一的运营管理核心，才能避免各自为政，实现一盘棋协调高效运营。

2. 流程与空间布局的冲突

作为连接陆侧和空侧的交通枢纽，航站楼的空间和流程设计是旅客机场出行最根本、最重要的部分，直接影响着旅客出行的顺畅度和航站楼运营的效率。机场的流程设计与空间规划是相辅相成的，空间约束流程，流程塑造空间，只有流程与空间完美融合才能为整体出行增彩。

广州白云国际机场 2 号航站楼在空间设计上对行动障碍人群的流程组织与引导作用存在欠缺。针对特殊旅客而设立的各项针对性服务或特殊通道的空间排布并未优化行动障碍人群的行径路径。比如，特殊旅客服务柜台、特殊旅客安检通道、私密检查室等重要而特殊的空间结构不能很好地引导特殊旅客到达下一服务流程。

航站楼无形的流程依靠的是空间实体界面的引导和组织。合理的空间一方面顺应流程的要求，提供良好的导向、适宜的规模和尺度；另一方面注重整体品质的塑造，为人们提供愉悦、舒适的出行体验。只有在空间高度适应流程的情况下，才能更好地引导旅客顺利快捷地完成乘机流程。

3. 个性化服务缺乏产生服务缺口

机场作为重要的公共交通，它不仅服务于多数的普通旅客，也更需要包容小部分特殊的旅客，比如肢体残疾者、婴儿、老年人等。机场在满足旅客普遍需求的同时，还应合理地考量一些必要的、个性化的需求，如行动障碍人群候机区的娱乐需求。由于行动障碍人群行为受限，使得其在机场中的活动积极性较差，且要尽可能地减少走动，因而候机休息区是其长时间待机的活动空间，然而无差化且缺乏娱乐性的候机休息区不能弥补行动障碍人群候机体验方面的缺陷。个性化服务的不足产生了机场出行服务体验的缺口，从而使得行动障碍人群出行整体体验感下降。

机场在完善个性化服务的同时，还应注重行动障碍人群与健常人群的融合，避免因过度区隔而带来的心理上的隔阂。只有组织好普通旅客与特殊旅客间的不同服务需求，在满足特殊旅客功能需求的同时兼顾其心理上的需求，才能使旅客体验到整合化一的机场出行服务。

4. 资源配备不合理降低整体性

行动障碍人群机场出行整体性低的另一影响因素在于机场出行中相关资源配备不合理，导致服务过程中发生停滞。机场对于行动障碍人群机场出行问题的解决方式核心仍放在了服务人员的针对服务上，这种方式存在投入大且覆盖范围有限的问题。例如，机场针对轮椅旅客的轮椅送机服务看似能准确快捷地惠及轮椅旅客，但实质上因人员配备数量、设备数量等资源配备等多方面问题，使得轮椅旅客在实际的服务申请及接受服务过程中，会发生轮椅短缺、等待服务人员等情况，一定程度上影响了其乘机的体验感。

资源配备不合理还表现在行动障碍人群与健常人群之间的资源分配偏离实际使用的情况。行动障碍人群由于整体基数较少，因而被分配的资源相对也较少。比如一个值机岛处通常只有一个特殊旅客人工值机柜台，而这个值机柜台不单单只承担行动障碍人群的值机托运服务，而且也承担着其他特殊的健常旅客的服务，例如晚到旅客值机服务、携带儿童旅客值机服务等。这导致行动障碍人群的服务资源被占用，资源不能与行动障碍人群良好对接。这就使得机场为行动障碍人群推出的各项服务与建设看似如火如荼，实则游离分散于行动障碍人群实际需求之外，无法把各个碎片化资源整合成一个有效工作的整体，从而无法实现供给与需求的对接。

因此，在机场服务及资源规划中，我们应充分考虑行动障碍人群的使用情况并始终为其预留充足资源，且有关服务资源不得被占用，比如始终为行动障碍人群预留其特有停车位、特殊服务窗口，避免被非相关人员使用等。

三、服务资源的比较

1. 机场服务系统的共享性

随着互联网技术的普及，以互联网为基础的新经济模式的探索成为社会的新议题。共享经济就是其中最受人们热议的话题之一。在共享理念的推动下，交通出行服务设计更趋向于多网络、多空间的相互联结。交通枢纽的设计通过合理的场地与建筑布局，共建共享便利高效的城市公共交通网络系统。服务方面则强调公共区域的通用性要求以及多元化，如运动、娱乐等需求的整合。无论是安心便利的交通出行、高效运转的服务设施，还是信息共享的智慧化系统，共享的理念就是将各个分散、碎片化、独立的服务触点通过服务设计系统地编织成一个庞大的、系统性的服务网络，将私有性的利用转化为公共性的共享。在现代的建筑规划当中，这样的建筑设计已经越来越普遍，特别是在公共服务领域的建筑设计中，共享性与独享性的矛盾尤为突出。因此利用共享的理念对新的建筑及服务形态进行优化成为建筑设计师的新尝试（如表3-5）。

表3-5　各国机场设计特征分析

名称	设计特征	共享形式	共享内容	共享层级
新加坡樟宜机场	多种功能与生态景观融合共享	时间维度 空间维度 信息维度	生态环境 室内外公共空间 城市公共服务设施 运营数据	城市级别共享
苹果总部大楼	多层共享空间	时间维度 空间维度 信息维度	生态环境 室内外公共空间运动 设备设施 公共交通 运营数据	区域让渡共享 区域共享
谷歌未来总部	边界模糊的共享社区	时间维度 空间维度 信息维度	生态环境 室内外公共空间运动 设备设施 公共交通 运营数据	区域让渡共享 区域共享
Oodi中央图书馆	极致"绿色"的共享	时间维度 空间维度	城市景观 室内外公共空间 城市公共服务设施	城市级别共享 区域让渡共享 区域共享

新加坡樟宜机场从设计手法上将公共交通建筑与绿色生态景观融为一体，让航空、购物休闲、餐饮住宿、自然景观等不同属性的空间边界模糊并重组，创造出既能在时间维度上分时共享高运转空港系统，又能在空间维度上同时拥有自然环境、室内外公共空间、城市公共服务设施的独特共享空间。现代信息技术的嵌入，让机场海量数据反馈实现实时的系统级整合共享，让乘客可以在安检、行李托运、餐食、登机等各个环节享受自动化、无缝式的服务。这种城市级别的现代交通枢纽共享模式，创造了集中、便利、高效的服务系统。这种共享方式，实现各个服务功能与服务空间、景观空间的资源让渡，在提高旅客出行效率的基础上也激发了巨大的商业价值。在现代商业空间、公共服务空间设计中，共享的特性体现得尤为明显，而且不同的主体根据其自身的业务特点、服务特征，所倚重的共享资源和方式都有所不同。

2. 机场服务系统的独享性

虽然机场服务系统具有公共服务的性质，公共服务性质必然为机场的各个空间、触点赋予共享特征，但是在行动障碍人群的服务中，部分行动障碍人群的需求并不是一般健常人群的通用需求。因此，在行动障碍人群的部分服务中又有其独享性特征。机场中行动障碍人群的需求与健常旅客的需求并不完全相同，机场为他们提供的服务相关系统也有所不同。在机场出行服务流程中，这两类人群的出行流程的主要差异在于流程中触点数量和触点功能的差异。

在同一服务流程阶段中，触点功能的差异与触点数量的差异可以归结为服务资源配置的差异，即可以从服务资源配置的角度对行动障碍人群服务以及健常人群服务进行对比分析。在机场出行流程中，服务资源配置主要分为人力资源、设备资源、空间资源。三项服务资源的配置构成了服务触点功能的实现。下面以广州白云国际机场为例，从这三个方面分别对行动障碍人群与健常人群的机场出行流程进行分析。

在人力资源方面，行动障碍人群相关服务的人力资源与健常旅客相关服务的人力资源有所交叉，交叉部分资源的配置都较为丰富和妥当，但行动障碍人群相关服务系统中独有的人力资源仍处于缺乏的状态。以特殊值机柜台为例，它的定义是为特殊旅客提供服务的柜台，但平常它并不仅仅为特殊旅客服务。这导致特殊旅客到达该值机岛时并不能及时享受特殊柜台的服务，而单独开启一条人工值机通道主要缺乏的是人力资源。特殊值机通道无法履行原有职能的情况就属于服务触点人力资源配置不足。反观健常旅客的通用流程，无论走到哪一步流程，基本都有相关工作人员在旁边给予指导或执行工作，人力资源配置充足，健常旅客都能较快体验服务并达成操作目标（如图3-22）。

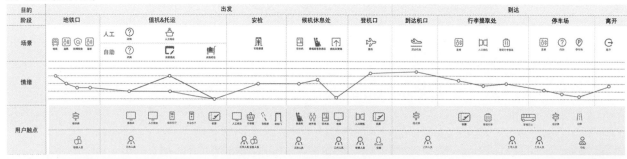

图 3-22　机场健常旅客出行流程

扫码看图

在设备资源方面，机场轮椅的申请和使用往往需要较长的调度时间，轮椅旅客在到达机场现场申请更换机场轮椅或申请帮扶服务时，轮椅数量的不足和资源调配速度的缓慢使服务系统在保证网络申请服务能顺利完成的情况下，无法立即现场提供机场轮椅的使用权限，这是设备资源不足和设备资源调配的问题。除此以外，部分设备资源，如自助值机托运终端机、电瓶车等，并没有很好地考虑部分行动障碍人群的使用场景，比如轮椅旅客。因此行动障碍人群的设备资源与健常人群的设备资源无论在"量"与"质"上都存在较大的差距，加大对行动障碍人群的设备资源投入，开发便于他们使用的产品与服务是改善其设备资源的重要途径（如图 3-23）。

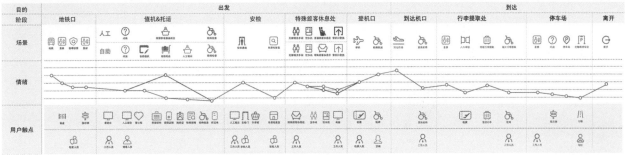

图 3-23　机场轮椅旅客出行流程图

扫码看图

在空间资源方面，行动障碍人群的空间资源与健常人群的空间资源也有大量的交叉。与设备资源不同的是，行动障碍人群的服务空间资源相对健常人群是更丰富的。值机区设有独立的特殊旅客值机通道，安检区设有私密检查室，候机区设有特殊旅客休息区、母婴区、儿童玩乐区等。这些空间对他们的特殊需求进行了针对性的设计，但由于使用人数不多以及出于对私密性的考虑，这些特殊空间往往与外界隔离且数量较少，寻找和前往这些空间并不方便。

行动障碍人群在机场中的出行流程相对更为复杂。在机场中，他们的触点数量相对于健常人群来说更多，但在空间上并不密集，即他们的服务交互触点虽数量多，但资源的配置并不高，虽然能满足对应的服务触点功能，但容易因为资源不足问题影响行动障碍人群在服务触点的体验。总的来说，行动障碍人群的相关服务资源配置与健常人群的相关服务资源配置有所交叉，在交叉部分资源配置丰富且合理，但在非交叉部分，行动障碍人群的相关服务在人力资源、设备资源、空间资源分配上都仍需改良。

第 4 章
服务满意度与旅客行为体验

100 — 130

随着交通建设的不断完善与经济水平的不断提高，人们在消费上越来越注重精神上的消费，娱乐出行的频次越来越高。在社会整体生活中，人们对生活品质的需求越来越趋于多元化。在公共交通领域，虽然出行的效率、容量和通过性始终是人民对社会生活保障的基本需求，但近年随着社会经济和人民生活的改善，公共交通出行也已经逐渐出现多元化和追求体验化的趋势。而机场出行场景恰恰是这一类需求的表现。由互联网经济驱动的产品用户体验提升，正好满足了人们在基础功能之上寻求更高产品和服务品质的需求，让人们认知到产品和服务中体验的重要性。当产品和服务趋于同质化的时候，体验就成为商业竞争中制胜的关键。在公共交通领域，随着高铁网络的广泛覆盖，航空业的部分市场份额逐渐被高铁廉价、高效、稳定的出行服务替代。这一现象逼迫中国航空业重新思考航空服务的定位，重新寻找航空业发展的新机遇。因此，近年从国际到国内，众多的机场开始把出行体验作为航空业发展的增长点和竞争优势进行建设。在健常人群的出行体验上，特别是在机场的商旅出行上，国内外众多机场服务从业者已经做出了众多具有创新性的尝试。但社会小众人群服务体验并没有进入服务从业者的焦点当中。在机场的服务场景中，行动障碍人群的服务是机场出行服务的重要组成部分。虽然这部分的机场服务并不能为机场的经济收入带来实质的经济收益，然而，行动障碍人群的机场服务是社会文明的重要标志。机场场景中的行动障碍人群包括自身生理因素导致的行动障碍人群，同时也包括在出行场景中出现的暂时性行动障碍人群，比如携带行李过多的旅客、携带儿童的旅客。行动障碍问题通常出现在残疾人群、老年人群、母婴群体之中，同时偶尔出现在健常人群日常生活、出行之中。

随着社会的发展和文明程度的提高，人们认知的转变与社会观念的变化，国家和民众越来越多地考虑社会小众群体的利益，残疾人、老年人等得到了更多的关爱与尊重以及各项社会权利。2006年联合国通过的《残疾人权利公约》要求的无障碍，不只是硬件方面（狭义的无障碍），还有软件方面（广义的无障碍，社会态度的无障碍），只有综合两方面，才是环境无障碍。当下的行动障碍相关设计研究还是以基于生理及功能的研究为主，对用户的感知及体验层面的研究相对缺乏，而将用户体验作为设计切入点的研究方法在行动障碍人群的设计研究当中更是鲜见。本书研究的对象是机场场景中的行动障碍人群的出行问题，因此本书在研究过程中采用了用户访谈、行为观测等定性研究方式，但定性的研究数据主观意向较强，并不能从概率上说明问题发生的频度及问题的典型性，因此需要更为客观与科学的研究方式，对行动障碍人群机场出行的相关因素进行研究与判断。在基于用户的感知体验研究中，满意度模型研究更具科学性，能更客观地反映用户在特定场景中与系统各个因素的交互关系。与此同时，满意度分析能更为直接地反映出服务场景、流程的现状与问题，并为后期的服务升级提供合理依据。

第一节
满意度研究的价值及作用

服务设计方法从 1991 年英国设计管理学教授比尔·霍林斯（Bill Hollins）提出以来，就一直秉承从业务情景切入的方法。比尔·霍林斯的方法包含三个阶段：1. 情景研究阶段，主要探究服务系统中的角色、关系及流程；2. 服务创新与设计阶段，主要利用服务创新能力进行服务重塑；3. 组织与实施阶段，主要通过服务落地验证服务创新成果（表 4-1）。通过已有的服务设计研究方法，服务设计研究者能较好地让商业服务产品完善"服务功能"，减少服务中的堵点和痛点问题。但该方法的出发点并不是为了提升服务商品中的"体验"而设计的。体验因素是所有产品竞争要素中最难以捕捉的因素。体验感知会因为不同的用户个体、不同的时间、不同场景、不同的文化背景等因素而变化。所以作为"服务商品"，原有的服务设计方法保证了可用性和功能性，但却不能对用户的服务体验的提升做出贡献。

表 4-1　比尔·霍林斯服务设计的三个阶段

阶段	内容	目标原则
情景研究阶段	市场趋势	趋势预测、问题架构、业务趋势
	角色关系	角色利益、角色分工、角色流程
服务创新与设计阶段	洞察关系与设计原则	价值系统发现、关系洞察、机会识别、设计原则确立
	服务概念创新	服务流程分析、服务触点重塑
组织与实施阶段	服务模式	商业价值判断、服务方案落地、服务培训
	商业计划	服务迭代、策略定价、服务执行

改变服务设计原有从业务流程出发的设计研究切入点，让服务设计回归到"用户体验"上，是本书想要表达的内容。为此，我们必须抛弃原有以"业务流程"为切入点的思路，转而从用户感知层面寻找一个新的切入途径。客户满意度（Customer Satisfaction Degree）理论是一个较好的切入点。客户满意度描述了顾客对产品的认知（预期）和感知（实际感受）之间的差异，是测量顾客满意程度的量化指标。满意度研究在服务管理中的运用已经有长久的历史。目前，国际上主流的服务满意度评估模型包括瑞典顾客满意度指数测评模型（Sweden Customer Satisfaction Barometer，简称 SCSB）、美国顾客满意度指数测评模型（Sweden Customer Satisfaction Barometer，简称 SCSB）等。其中 1994 年建立的美国顾客满意度指数评估模型是迄今为止影响最为广泛的模型。该模型中共有形象、预期质量、感知质量、感知价值、顾客满意、顾客抱怨和顾客忠诚 七个潜在变量，形象为外生变量，其他为内生变量。结合服务体验因人而异的特点，我们在满意度研究中把用户个性化差异因素与七个潜在变量进行量化分析，因而能获得不同用户群体在对待同一个服务的过程中，对服务体验起着关键作用因素的权重分析。通过因素之间的权重关系，我们可以洞察出相关联因素之间的交互关系。这一关系的获得，能为后续的服务设计提供有益的支持和可靠的数据支撑。研究者通过服务满意度研究切入服务设计，改变了服务设计的视角，让设计的起点回归到用户身上。研究者对感知层面的关注，改变了研究的逻辑起点，让服务设计的方法从体验切入，经过服务流程分析、服务触点重塑，最终回归到服务体验评价，形成了一个从体验切入，又最终回归到体验的闭环（图4-1）。

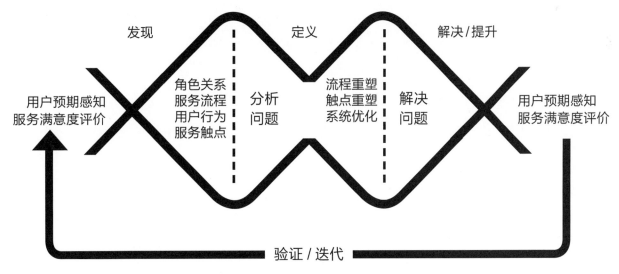

图 4-1　以服务满意度评价为切入点的服务设计流程

研究者通过对服务设计方法的论证，探索构建以"用户体验"为原点的服务设计创新方法。该方法的构建让服务设计创新成为一个螺旋上升的闭环，解决了以往在服务设计研究中以服务内容、服务流程为出发原点所造成的用户服务满意度体验低下的问题。

ACSI 是挪威和欧盟顾客满意度测评模型（European Customer Satisfaction Index，简称 ECSI）的基础，而 SCSB 是第一个站在国家层面上通过满意度指数测评模型对 30 多个行业和 100 多个企业进行顾客满意度监测的国家标准。这些主流测评模型既有联系又有区别，它们都是站在国家层次上，都是以费耐尔模型为基础，结合行业情况，并对模型结构中的原因变量含义补充与增加而产生的。各个模型的调整加强了模型的适应性，便于对不同国家、行业顾客满意度进行国民满意度测评，反映不同国别和特征的人们消费整体满意度情况。迄今为止，全球已有 22 个国家设立了本国的全国性顾客满意度指数。

最早的满意度模型始于 ACSI。它由六个结构变量构成，其中顾客满意度受到顾客期望、感知质量以及感知价值的综合影响，且顾客满意度通过顾客抱怨与顾客忠诚两个结果变量进行表现。模型主要创新之处在于增加了一个潜在变量——感知价值，可以比较明确地分辨出顾客满意是质量制胜还是价格制胜。1998 年，Andreassen 等人在 ACSI 基础上提出 NCSB。和 ACSI 模型相比，NCSB 模型引入了企业形象这个变量。企业形象与顾客满意度相关，同时顾客满意度对企业形象有正面的影响。NCSB 模型以引入关系依存度来描述企业与客户间关系的程度。2000 年，Eklof 等人构建了欧洲顾客满意度指数测评模型（ECSI）。ECSI 模型建立在 ACSI 模型基础上，它与 ACSI 主要区别在于顾客满意的结果变量——"顾客抱怨"被忽略了，因为欧盟等国的顾客抱怨可通过完善的投诉系统得以解决。同时，模型中保留了 NCSB 的潜变量——企业形象，它是顾客对企业的一个综合印象，建立在企业宣传与社会公益形象之上，与顾客满意之间存在联系。而 ECSI 模型最大的改进在于将顾客感知质量一分为二，适用于所有行业，既包括对产品质量感知，也包括对服务质量的感知。2000 年，Fonrell 等人以之前的顾客满意度调查为基础，建立了一套全国范围的、适合于各个行业的"全国性顾客满意度指标体系"，就是"顾客满意度指数测评模型"（NCSIs）。此模型将影响顾客满意度的购前预期与购后行为联系在一起。

1995 年，我国也开始进行顾客满意度这方面的相关研究。从 1998 年开始，我国学者与专家开始对国外顾客满意度测评模型进行理论研究，在满意度模型、测评指标体系、数据分析等方面做出尝试；2001 年，建立了中国顾客满意度指数模型，并进行试点调查。国内满意度研究模型研究以清华模型为代表，它以 ACSI 模型为基础，吸收了 ECSI 模型中的潜变量——企业形象因素，加上原有的七个潜变量（形象、预期质量、感知质量、感知价值、顾客满意、顾客抱怨和顾客忠诚）构成清华模型的核心变量。形象为外生变量，其他为内生变量。但是截至目前，我国尚未正式实施国家级的 CSI 评价体系。国内的研究大多偏向于文献综述、描述性研究，只存在少数定量分析。定性描述研究一般以介绍国外先进研究成果为主，然后指出在国内开展顾客满意度研究的意义、作用以及注意事项等，并没有在实际商业环境和行业中对服务行业的满意度进行广泛的测评和研究（如图 4-2）。

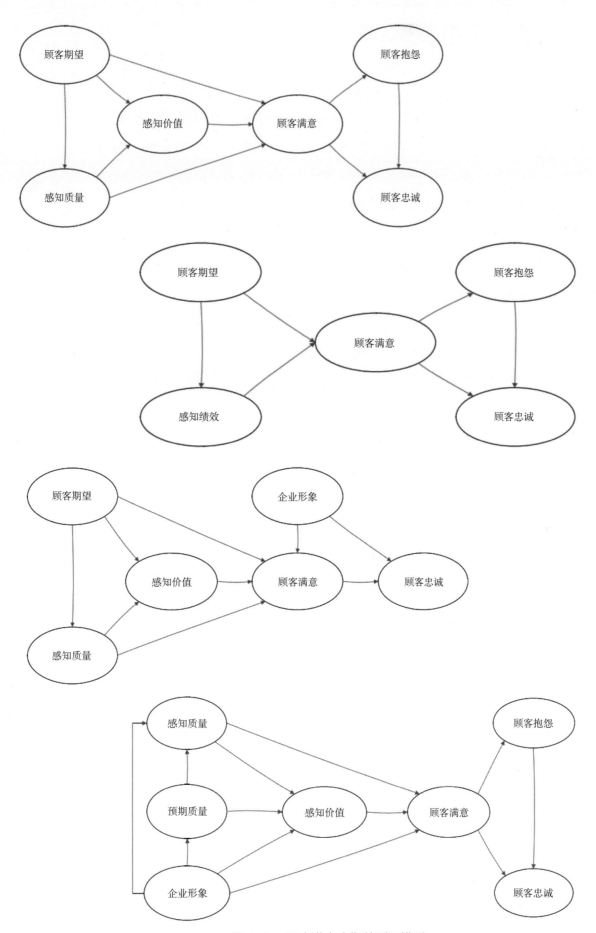

图 4-2　顾客满意度指数测评模型

一、满意度测评模型的构建

基于以上研究成果和本书研究方法的需要，我们选取已经被广泛采用及多次修正的 ACSI 为基础，构建机场出行顾客满意度测评模型。该模型包括六个结构变量，其中，目标变量是顾客满意度，结果变量是顾客抱怨和顾客忠诚，原因变量是顾客期望、感知质量、感知价值。根据 A. Parasuraman 等人提出的服务品质及服务机能的模型，影响服务的认知来自用户的预期和现实感知的落差，而服务系统中的各个因素最终共同构成服务体验感知（图 4-3）。此模型根据机场场景的特点修改了原有模型中对服务品牌、企业形象过于粗略的分类方式，在具体研究中进一步把影响服务认知和预期的品牌拆分成品牌形象、社会公益形象、权威背书、口碑推荐等几个维度，从而彰显机场作为社会公共服务场景的特殊性。

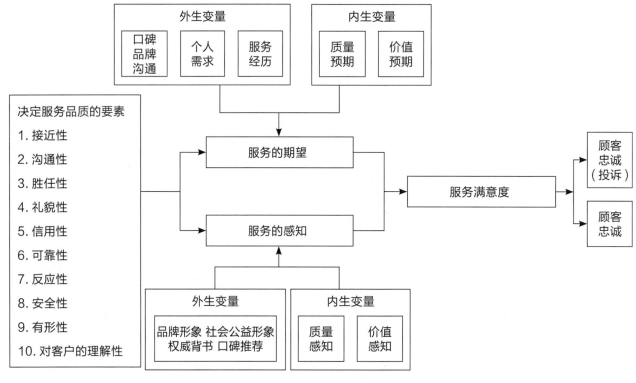

图 4-3　服务满意度测评模型

在核心变量之下，我们进一步以服务品质的要素为原则，对服务系统中的各个环节和要素进行量化指标的细化。在以往的服务满意度模型当中，对服务满意度变量的定义往往停留在宏观的核心变量之上。但根据不同的行业属性，所采取的取样数据和口径往往不尽相同。微观的取样口径可能会直接影响满意度结果的准确性。在机场场景中，出行服务的安全性、可靠性、反应性就要较服务的礼貌性、对客户的理解性更为重要。而所有的服务因素都需要以服务系统中各个服务部门的胜任性为依靠。因此，在满意度指标的确立中，我们尝试把机场中各个服务系统和环节根据服务品质核心要素进行重新定义，获得机场出行服务满意度具体的分析项（表 4-2）。

表 4-2　机场服务满意度评测指标

指标项（潜变量）	具体分析项（显变量）
预期品牌形象	服务品牌、权威背书、权威推荐
预期服务质量	综合服务、机场出入环境机场硬件设施、机场人员服务
预期质量感知	出入机场方便快捷、机场大厅环境、机场电梯、导引服务、机场大厅环境、机场电梯、出入机场轮椅服务、机场柜台服务、残障人士卫生间专用设备、残障人士候机环境、机场候机、机场证件检查、安全检查、机场残疾人休息区、残障人士服务、机场个人隐私保护、处理应急突发事件、机场安检过程、机场投诉便利、候机舒适度、个性化服务、处理客户问题速度、办理登记手续、工作人员服务态度、行李提取、机场航班延误后提供服务、机场购物便利程度、机场的餐饮服务、服务人员专业水平、机场服务关怀
预期价值感知	候机服务、机场导购、机场餐饮收费、行李托运及轮椅托运、私密检查、出租充电设备收费、残障人士安检时间
感知品牌形象	服务品牌、权威背书、权威推荐
感知服务质量	综合服务、机场出入环境机场硬件设施、机场人员服务
质量感知	出入机场方便快捷、机场大厅环境、机场电梯、导引服务、机场大厅环境、机场电梯、出入机场轮椅服务、机场柜台服务、残障人士卫生间专用设备、残障人士候机环境、机场候机、机场证件检查、安全检查、机场残疾人休息区、残障人士服务、机场个人隐私保护、处理应急突发事件、机场安检过程、机场投诉便利、候机舒适度、个性化服务、处理客户问题速度、办理登记手续、工作人员服务态度、行李提取、机场航班延误后提供服务、机场购物便利程度、机场的餐饮服务、服务人员专业水平、机场服务关怀
价值感知	候机服务、机场导购、机场餐饮收费、行李托运及轮椅托运、私密检查、出租充电设备收费、残障人士安检时间
抱怨	对该机场服务人员投诉较频繁、对投诉处理的结果的满意程度、对该机场服务设施投诉较频繁、对投诉相应速度的满意程度
满意度	对机场硬件设施的满意度、对机场的环境的满意度、对机场人员服务的满意度、对机场服务的综合满意度
忠诚度	向亲朋好友推荐该机场乘机、未来继续选择该机场乘机、对该机场提供的产品和服务非常信任、愿意花费更多的时间从该机场乘机

二、满意度因素的通用性与特殊性

此次调查于 2019 年 8 月在广州白云机场 2 号航站楼进行，问卷采用现场随机拦防形式进行。采样共 300 份，其中有效问卷 293 份，有效回收率为 97.7%。参与本次问卷调查的 293 位均为行动障碍人群。其中男性占 50.2%，女性占 49.8%。采样用户年龄构成为：20 岁及以下占 5.8%，21 ~ 30 岁占 25.9%，31 ~ 40 岁占 19.1%，41 ~ 50 岁占 17.7%，51 岁及以上占 31.4%。采样用户教育程度构成为：高中及以下占 48.5%，大专及本科占 50.5%，硕士占 0.3%，博士及以上占 0.7%。在参与本次调研的行动障碍人群中，有 35.2% 的参与者习惯单独出行，而 64.8% 的参与者则表示出行时有家人或朋友陪同。在调查中，78.8% 的行动障碍人群乘坐过飞机。所有收集的数据采用 SPSSAU 分析平台进行数据分析。

满意是一种针对特定交易的情绪性反应，而个体的差异通常导致不同的情绪反应。这些个体差异因素在多数的研究结果中通常会表现出对研究项的相关性。在航空服务业的研究当中，航空服务业从业者近年也主动从航空公司服务的角度切入航空出行服务的满意度研究。2014 年，雷兰就以东方航空公司顾客满意度评价为题进行了航空服务业的满意度评价研究。该研究显示，顾客满意度产生机制带有极强的主观色彩，顾客对于消费的产品或服务是否满意及满意度与消费者本身的受教育程度、经济情况、消费偏好、价值观、文化背景等因素有关。以此结论为假设，我们对机场行动障碍人群的调研进行了用户背景变量的样本信息收集。此类数据包括了乘机经验、性别、年龄、受教育程度、职业、月收入、出行方式。对行动障碍人群个体的因素进行差异性分析，样本的乘机经验、性别、年龄、职业、月收入、出行方式各方面对于所有变量的方差分析显著性均大于 0.05，表明所有变量在不同性别、不同年龄、不同职业等方面存在差异的人群之间没有显著的差异，说明个体乘机经验、性别、年龄、职业、月收入、出行方式的不同并不会导致机场出行的差异化的感知体验。相较航空公司所进行的满意度调研，机场对行动障碍人群的出行满意度调研结论迥异。带着相关问题，我们对行动障碍人群的出行行为、健全人群的出行行为进行了全流程的影随观察，希望通过定性的观察印证定量分析中获得的观点，并且获取对观点的解释和洞察，同时，定义机场出行场景中因为行动障碍人群特殊性所导致的对出行满意度因素的影响程度。

通过定性影随研究，我们发现机场出行场景与航空公司服务场景对于用户来说具有本质的不同。一方面，机场场景对于行动障碍人群来说还属于城市集域活动圈。虽然机场是衔接不同城市间的纽带，但机场场景对于行动障碍人群来说具有一定的熟悉感，特别是对于本市的行动障碍人群具有一定的归属感。熟悉感和归属感让他们减少了认知和心理上的障碍性，也降低了不同年龄、学历等背景对满意度造成的影响。另一方面，机场场景具有非常强烈的公共服务性质，因此对于行动障碍人群来说，不同于航空公司商业化的服务场景，机场场景的公共服务性质能让他们感受到社会服务的公益性和便利性。在机场场景中，服务并不是单纯地以付出的价格为衡量标准的，特殊旅客的公益性服务在此场景中能让行动障碍人群感受到较好的社会服务体验。这种服务价值是机场服务中社会公共性质的体现，与航空公司以单纯的商业利益价值为衡量标准并不相同。因此，机场场景的出行行为满意度研究不同于航空公司的出行满意度，它具有特殊性。同时，作为出行主体的行动障碍人群，其特殊性也让该场景中的满意度研究相较其他的通用人群满意度研究具有差异性。进而，行动障碍人群的行为特征让他们对社会生活中的感受和体验与健常人群不一样。行动障碍人群在日常生活中产生的对其他社会公共服务的感知和体验也会直接影响到他们在机场出行过程中的感知体验。正如学者申跃在其研究中所说，对社会生活的初始满意度和抱怨度会对再次满意度具正向影响。可见在行动障碍人群满意度的研究中，性别、年龄、职业等因素并不对他们的出行满意度形成强相关的影响，但他们的个体服务经历因素对机场出行的满意度形成强相关。

第二节
满意度对机场交互设计的价值

一、个体属性对出行满意度的影响

表 4-3 教育程度对服务感知的影响

受教育程度		预期品牌形象	预期服务质量	预期质量感知	预期价值感知	感知品牌形象	感知服务质量	感知质量感知	感知价值感知	顾客抱怨	综合满意度	忠诚度
P		0.014	0.048	0.031	0.022	0.037	0.034	0.031	0.033	0.052	0.028	0.033
平均值	高中及以下	3.399	3.547	3.603	3.474	3.58	3.594	3.563	3.504	3.447	3.658	3.636
	大专及本科	3.624	3.624	3.614	3.605	3.608	3.617	3.618	3.525	3.355	3.611	3.563
	硕士	4	4	2.425	2.833	4	4	3.75	2.667	4	4	4
	博士及以上	1	1	1	1	1	1	1	1	1	1	1

如前所述，通过满意度问卷的回收数据分析，各个自变量因素中只有受教育程度对机场服务体验各个评价指标的影响具有显著性（P<0.05）（表4-3），而乘机经验、性别、年龄、职业、月收入、出行方式各方面对于所有变量的方差分析显著性均大于 0.05，表明所有变量在不同职业、不同年龄、不同性别等方面存在差异的人群之间没有显著的差异。为此，在排除场景的干扰因素、行动障碍人群特征因素之后，我们可以判断在白云机场服务设计研究中，用户的满意度来自服务本身，而用户自身的差异性对服务体验的影响较少。

1. 个体学历因素的影响

学者张学敏、何酉宁的研究发现，教育程度对人们的消费水平、消费结构、消费方式、消费观念等方面都有着重要影响，且其研究数据显示本科及以上居民消费时首要影响因素更偏向于消费品牌与消费质量。据对行动障碍人群机场出行满意度调查显示，大专及本科学历人群对于机场出行的预期感知、消费和消费后感知表现均高于高中及以下学历人群。高学历人群在预期和实际感知均高的情况下，综合满意度上平均值数值较低，这说明机场当下的出行服务与该类人群的服务预期存在较大落差。因此，机场需要提高实际产品或服务的价值和质量以提高高学历人群的满意度和忠诚度。学历因素产生显著性的原因还在于该类人群在社会生活中本身就具有丰富的服务经历，因此，在对比社会中其他社会服务的情况下，他们对机场的出行服务预期自然会比其他学历水平的顾客要更高。但这一因素在以往的服务设计研究中并不能明显地显示出来，原因在于该类人群并不愿意主动向服务提供侧进行投诉和抱怨。在机场的顾客投诉数据库中，高学历人群对机场服务的投诉数据相对偏低。这是由该类人群在社会生活中获得的社会地位及资源的差异造成的，他们会更多地采用公共社交媒体、网络舆论等方式进行自己的意见表达。由于该类用户在投诉上采取的方式和渠道不同，使得大部分服务设计研究往往忽略这一因素的影响。

高学历因素使得行动障碍人群对机场出行的服务预期提高。但同样因为他们个体因素中的高学历特征，使得他们在出行中实际感知质量和感知价值也高，也就是说该类用户群体能够真正地感受到服务过程中的细节和质量感。同样的服务品质，可能对非高学历人群来说具有"钝感"效应。他们无法感知服务过程中的品质感和细节感。服务过程中服务侧反复斟酌的话术、肢体语言及服务细节等需要用户以情感投入进行体会和感知的部分，都需要以顾客自身的高感知度为前提和基础。为此，我们在后续的服务设计中应当把顾客根据不同的服务敏感因素进行针对性的分流。对服务感知度高的用户，我们可以为他们提供更个性而细腻的出行服务；而对机场出行"功能性"更敏感的用户，我们则为他们提供更偏向标准化的服务流程。

2. 个体出行方式因素

在对行动障碍人群机场出行行为的观察中，我们发现行动障碍人群的出行模式也在发生改变。通过观察发现，他们身边往往有朋友或者亲属相伴。在以往的服务设计中，我们直觉判断行动障碍人群因为其障碍特征影响，他们的出行需要亲属或者朋友进行辅助。而在此次调研数据中，出行方式对所有变量的方差分析显著性均大于 0.05，表明所有变量在"单独出行"和"群体出行"的不同人群之间没有显著的差异（表 4-4）。但就平均值的变化而言，"单独出行"的群体各变量的平均值变化在整体上随着收入的增加而呈现上升趋势，也就是说高收入人群的服务敏感度明显较中低收入人群更高。在一般的商业竞争中，高收入人群因为其服务经历的不同，他们对服务的敏感度会高于其他收入群体。但是机场场景不仅是一个商业场景，它还是一个具有公共服务性质的社会公益场景。单纯地强调顾客群体的收入性质会弱化机场的公共服务特性。因此，有针对性地对不同的人群提供适合各自特点的个性化服务是我们进行后续服务设计研究的一个重要方向。

表 4-4　服务满意度感知

出行方式		预期品牌形象	预期服务质量	预期质量感知	预期价值感知	感知品牌形象	感知服务质量	感知质量感知	感知价值感知	顾客抱怨	综合满意度	忠诚度
P		0.299	0.116	0.157	0.129	0.080	0.112	0.167	0.120	0.261	0.145	0.079
平均值	单独出行	3.3948	3.4045	3.4507	3.3722	3.4013	3.4304	3.4374	3.3414	3.2718	3.4733	3.4053
	家人或朋友陪同	3.5544	3.6596	3.6658	3.6018	3.6737	3.6754	3.6478	3.5772	3.4474	3.6961	3.6776

另外，通过出行方式的数据对比，我们可以看出，行动障碍人群中的单独出行比例在逐渐提高，而且行动障碍人群中高收入群体的比例增速最快。这一趋势与社会主流群体中逐渐强调个体的独立性和自主性趋势相吻合。其中，我们已经可以窥见行动障碍人群，作为社会中独立存在的"个体公民"，他们已经不希望被社会看作社会中的"弱势群体"，他们更希望被看作"无差别"的健常人群，从出行到社会生活的各个方面都是以个体、独立的方式完成。在过往的服务设计研究中，我们并没有把"尊重感"作为一个独立的指标进行研究。通过本次对满意度的研究，我们发现对于行动障碍人群而言，尊重感对他们来说较其他心理因素更为重要。它显示了他们作为一个社会独立个体的自主性，尊重感甚至会成为他们判断其他社会服务满意度的一个重要基础。反思我们为行动障碍人群设计的其他社会服务，虽然服务侧为行动障碍人群提供了众多的服务，然而服务满意度一直难以提升，甚至提供的服务越多，他们的满意度越差。究其原因，在于服务的设计者并没有真正把握行动障碍人群对于社会的心理诉求和认知特性。

二、服务质量对满意度的影响

根据前面数据分析，行动障碍人群个体因素的差异性并不是造成出行满意度降低的核心要素。机场服务的服务品质是否优良、服务机理是否健康才是影响行动障碍人群机场出行满意度的核心因素。在此次行动障碍人群机场满意度问卷调查中，机场场景、机场服务各个服务环节的满意度的测评指标一共分为了 4 个一级指标和 37 个检测指标（其中一级指标包括品牌形象、服务质量、质量感知、价值感知），并采用了重要性满意度模型（IPA）对各个指标进行满意度权重分析。其中，我们把较为隐性的品牌形象、价值感知等因素通过在具体检测指标值中的细化，分解成能直接被用户所理解的环境质量、权威背书、信任度、服务态度、投诉便利等因素。本书希望能够通过满意度分析数据，进一步探究顾客预期、质量感知、价值感知、顾客满意度、顾客抱怨、顾客忠诚度潜变量及相关显性变量之间的关联性特征（表4-5）。

表 4-5　品牌满意度检测指标

一级指标	检测指标
品牌形象	权威推荐、权威背书、服务品牌
服务质量	出入环境、人员服务、硬件设施
质量感知	大厅环境、电梯、候机环境、候机舒适度、证件检查、柜台服务、残疾人服务、人员专业水平、卫生间、安全检查、引导服务、处理应急突发事件、服务关怀、工作人员服务态度、安检、休息区、购物便利、办理登机手续、问题处理速度、投诉便利、餐饮服务、行李提取、轮椅、行李托运
价值感知	安检时间、机场购物、私密检查、行李轮椅托运、充电设备收费、餐饮收费

经过前期信度分析、探索因子分析及验证因子分析对各个变量进行筛查与验证，我们发现 6 个潜在变量与 24 个显变量存在显著的相关性，且系列分析数据表明模型的外在质量佳，测量模型的收敛效度佳；所有变量的信度系数均大于 0.7，表明模型的内在质量佳。我们依据 ACSI 模型对其中 6 个潜在变量依次更名为：顾客预期（E 预期服务质量）、感知质量（P 服务质量感知）、感知价值（P 价值感知）、顾客抱怨（D 顾客抱怨）、顾客满意度（G 综合满意度）、顾客忠诚度（H 顾客忠诚度）。对 6 个潜在变量与 24 个显变量进行满意度模型分析，我们得到以下分析模型（图 4-4）。模型分析表明：潜在变量顾客预期、感知质量、感知价值均能对顾客满意度产生影响，顾客满意度又会对顾客抱怨与顾客忠诚度产生影响。

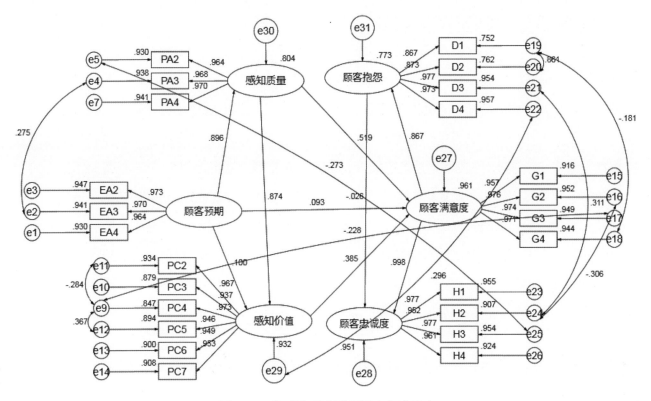

图 4-4　行动障碍人群机场出行满意度

通过以上分析我们获知，行动障碍人群的预期对他们出行满意度具有较大的影响。但行动障碍人群的预期因素并不能单独作用于旅客的机场出行满意度。预期因素具有中介效应。出行预期需要在质量感知或价值感知的影响下才能对机场出行满意度产生影响。据对"顾客预期—感知质量—顾客满意度"与"顾客预期—感知价值—顾客满意度"的中介效应分析，结果表明，其均为完全中介模型，且"顾客预期—感知质量—顾客满意度"路径的中介效应为 0.896×0.519/（0.896×0.519+0.100×0.385）×100%=92.35%，而"顾客预期—感知价值—顾客满意度"路径的中介效应为 0.100×0.385/（0.896×0.519+0.100×0.385）×100%=7.65%（如表 4-6）。

表 4-6　中介效应显著性分析

中介效应显著的 Bootstrp 分析						
路径	效应	效应估计	95% 的置信区间		P	中介判断
			下线	上线		
顾客预期—感知质量（感知价值）—顾客满意度	总体	0.899	0.837	0.942	0.001	完全中介
	直接	0.093	-0.011	0.235	0.078	
	间接	0.806	0.703	0.919	0.001	

路径效应数据进一步表明行动障碍人群出行预期对满意度的影响需在旅客的感知质量和价值的作用下才能产生效益。且通过质量感知途径，旅客预期对旅客满意度的影响更大。在实际机场出行中，行动障碍人群良好的出入环境感知、硬件设施感知、人员服务感知，能激发他们本身潜在的服务预期。服务预期反作用于服务感知，进而对旅客满意度产生作用。因而，机场出行体验的提升不能仅限于旅客在机场场景中所接触的环境、服务流程、服务人员、设施等，要提升服务体验需要从干预顾客的服务预期开始。比如，在旅客到达机场乘机前，机场应该增加对服务流程、出行服务规范的宣传，帮助旅客逐步建立机场出行服务的服务预期，避免因为服务预期过高或者服务认知偏差造成后续机场出行服务的障碍。服务预期的干预机制应该根植于整个服务机能之中。它应该是服务技能的一个重要组成部分。可以说，旅客对服务预期的设定，直接影响了最终的出行体验。如果旅客能客观对机场各方面的出行情况、流程进行规划和预期，那么他们获得的出行体验将会是正向的感知。否则夸大性的宣传与推广，会导致旅客在出行之前设定的服务预期过高，而在机场出行中实际的质量与价值感知与预期产生巨大的落差时，他们将无可避免地得到负面的出行体验。这一体验评价并不在于服务供给侧是否给予了足够的服务资源和服务支持，而在于对出行服务预期的错误设定造成的影响（如图 4-5）。

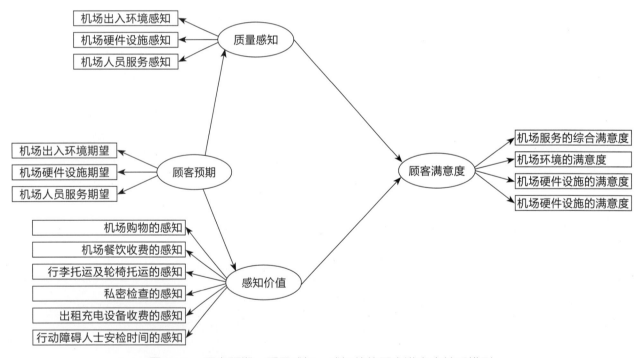

图 4-5　顾客预期、质量感知、感知价值顾客满意度关系模型

在机场服务系统中，旅客能直观接触到三个主要的方面：环境、设备和人员。因此我们把机场出行环境、机场硬件设施、机场人员服务三个要素作为旅客预期与质量感知两大潜在的核心观测变量的主要观测变量。我们将问卷调查中设计的相关变量依次归类为该三大相关因素，并对所有变量因素进行 IPA 分析法（重要性—感知表现分析方法，又称重要性—满意度分析法）。

我们通过 IPA 分析测量机场相关服务因素在行动障碍者心中的重要性及其实际满意度感知之间的差距，进而对结果数据进行可视化表达——对各指标项的满意度以及重要程度进行排序，从高到低排列（图 4-6）。

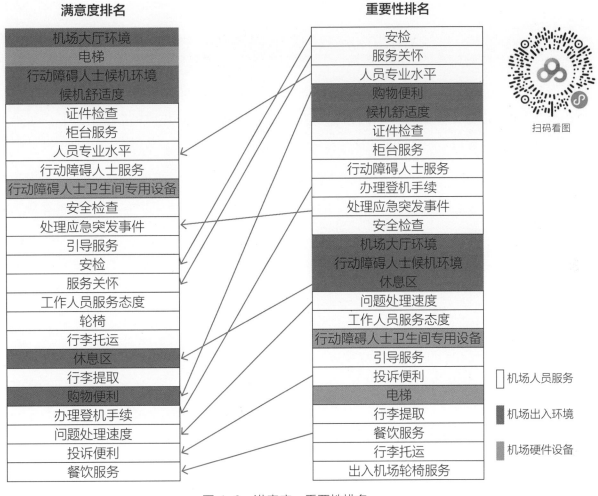

图 4-6　满意度—重要性排名

满意度与重要性落差对比分析表明，实际乘机中有关行动障碍人群出行的无障碍设施设备的满意度表现均高于重要程度，这在一定程度上反映了行动障碍人群对于机场公共环境中的无障碍设施设备的需求饱和。而在人员服务相关因素满意度与重要程度的落差中也可以看到，安检、服务关怀、办理登机手续、处理应急突发事件的落差较大，人员专业水平、问题处理速度、投诉便利、餐饮服务重要程度与满意程度存在落差。这两组数据的对比，一方面反映了在物质条件基本满足的条件下，行动障碍人群的需求已经逐渐从物质和功能层面需求向精神层面转移。他们在获得社会公共服务过程中，已经对时效性、便利性、尊重感等心理因素更为注重。而这些因素的体现本质上就是对社会公平的反映。以往行动障碍人群因为其特殊性需要在值机、托运、安检等环节花费大量的等待专门服务人员到位的时间。而当下，行动障碍人群能和健常人群拥有一样的便捷性和时效性就需要我们不再把他们作为特殊旅客对待，而需要把他们纳入健常人群当中去考虑我们的服务系统和服务设计。

另一方面，这两组数据的对比表明，在机场出行服务系统中，空间和设备资源是足够富余的，而服务系统的短板在于服务人员的配置和服务环节的衔接之上。

行动障碍人群在机场公共服务中的需求变迁不仅体现在服务功能的表现层面，服务系统的系统性和整体性上也能体现出现有服务系统与旅客群体需求之间的落差。当下的旅客所需要的已经不仅仅是一个简单的提供便捷出行的机场服务系统。随着国际航空业的发展，以及城市形态的不断变迁，机场的交通枢纽特征越发明显。它不仅是城市中各种交通模式的交汇点，同时也是城市中各种人群和需求的汇聚点。因此，在国际上，现代机场被定义成了一个"小规模城市"的概念。它整合了社会服务、商业购物、休闲娱乐、文化旅游等的综合特征，并且还肩负着呈现所在城市的文化、风貌、人文与经济特点的城市名片职责。新机场服务系统的角色和定义与用户需求及他们在机场的行为多元化有着直接的关系。在航空服务平民化的当下，乘坐飞机已经不是社会中少数商务人士的特权了，作为一种通用的出行方式，航空旅行覆盖了大部分民众的日常生活出行需求。因此，除了传统的商务出行，亲子旅游、探亲访友等出行需求逐渐成为现代航空业市场的主流需求。根据我国交通运输部数据显示，2014—2019 年，全国机场总收入持续增长。2019 年，中国机场实现营业收入1207.0 亿元，同比增长 8.1%。从 2014 年开始，我国民航机场竞争力逐渐加强，机场收入持续增长，对于国民经济的贡献能力不断提高。2019 年开始的新冠肺炎疫情让中国的机场经济遭遇了暂时的寒冬。根据国家统计局的数据统计，由于非必要性出行需求的减少，除了必要的商务出行之外其他的出行需求都在 2020 年被暂缓。由此造成国内机场航空性收入减少 45%。2020 年春运期间，国内机场收入损失约为 90 亿元。虽然新冠肺炎疫情让机场的收入骤减，但从中也可以窥见一个多元化的航空市场已经在我国形成。2020 年，在新冠肺炎疫情的冲击下，我国机场收入虽然受到一定程度的冲击，但是随着疫情逐渐得到控制，机场发展逐渐恢复。2021 年，民航业完成运输总周转量857 亿吨公里、旅客运输量 4.4 亿人次，较上年同比提高 7.3% 和 5.5%，恢复至 2019 年的 66%和 67%。2022 年 6 月以来航班量逐步提升，民航市场有望加速复苏。疫情以来，国内航线恢复速度显著高于国际航线；2022 年 5 月底国务院《关于印发扎实稳住经济一揽子政策措施的通知》指出要"有序增加国际客运航班数量"以来，民航局航班熔断政策及各地入境隔离政策已逐步放松，国际航班亦呈现逐渐增多的趋势。然而，当市场恢复，新的生活模式所构成的市场已经形成。届时，在机场服务系统中，人们多元化的出行需求与当下出行服务的单一性的矛盾将更为突出。现有的机场服务系统对旅客需求的考虑是欠缺系统性和完整性的，比如机场服务中的购物、娱乐等因素被忽略。根据前面的数据，我们发现，购物便利与休息区的满意度与重要程度落差较大，说明旅客的需求在购物和舒适性上得不到较好的满足。相反，在行动障碍人群的主观判断中，行动障碍人士候机环境与候机舒适度满意度远大于重要性。在机场的建设发展过程中，服务设计者对行动障碍人士的候机环境与舒适度始终在不断升级，而行动障碍人群乘机过程中的购物相关因素始终没有被系统地考虑进机场出行服务的范畴中。行动障碍人群表达的对购物便利与休息区的重视，表明了他们希望在出行过程中获得更高的精神追求的诉求——出行的享乐。

三、品牌效应对满意度的影响

机场场景除了其公共服务属性，还具有非常明显的商业场景性质。在现代化的机场当中，机场场景作为拥有众多服务功能、商业功能、交通枢纽功能的综合体，必然需要以品牌化的方法对各种需求、要素和服务进行整合。因此，商业化的品牌建设方法对于现代机场服务的建设有着重要的借鉴价值。品牌建设和宣导，能切实地拓宽用户对机场出行服务的宽容度，从另一个侧面提高旅客出行的体验感知。

现代社会是一个高度商业化的社会，品牌是现代商业社会中人们认知事物和对事物做出判断的一个重要的依据和符号。在商业空间中，品牌的作用变得尤为明显。在市场环境中，用户会根据品牌的个人认知对商品和服务进行选择。同时，当下的品牌建设当中已经加入了众多文化的因素。品牌成为社会中某一种"价值观"的代言人。法国学者鲍德里亚在《消费社会》中提出，品牌是一种"符号"，人们对"符号"的消费并不是对商品本身价值和使用价值的让渡，而是对商品背后指代意义的追求。比如无印良品就成了品质生活、低调轻奢、内敛的生活风格和价值取向的代名词。苹果的品牌更加成为都市生活中年轻一代对时尚、数字化生存的代名词。品牌所指代的价值观体系，让社会中不同的群体根据各自的喜好和价值认同进行自然的人群聚类。在高度互联网化的商业市场当中，人们根据各自的属性和标签自然地形成了不同的族群——粉丝群体。品牌的建设已经脱离传统的视觉设计领域，拓展至更宽广的内容建设层面。也是因为在内容层面的拓展，以及对用户的价值观的影响，当下的互联网品牌对用户具有更强的黏性、引导性，可以从价值观层面上对用户进行生活形态的引领。

我们采用 IPA 分析法对行动障碍人群机场出行满意度进行分析，该法最早由 Martilla 和 James 于 1977 年用于分析机车产品属性时提出。IPA 可分析出各个测量指标在被测者心中的重要性及其实际感知之间的差距，进而分析出继续维持以及应强调和忽略的区域，确定改进的先后顺序，以便最快最好地改善现状。通过 IPA 分析法，我们导出行动障碍人群机场出行满意度的品牌形象模型。在该模型中，我们观察到机场的品牌背书处于优势区域。这表示旅客认为品牌的权威性对他们来说是一个关键性因素。目前，行动障碍人群对该因素的满意度评价也较高。该因素的优势体验主要来自机场的公共服务系统性质。机场是一个集中各个社会服务系统的缩影，公共安全、社会服务等政府机构的服务均需要在机场落地。因此机场的服务系统自身就带有权威性，这是旅客能够信任其出行服务承载主体的前提条件。但从另一个指标看，机场服务的权威推荐因素，在旅客心目中却处在满意度和重要性都低的区间中。这说明，现代的机场旅客虽然认可机场的权威性和信任度，但对机场主体的推荐信息及主动品牌建设却具有明显的戒备心理。在机场的服务品牌建设上，旅客较为认可该服务品牌的建设，但对服务品牌对于他们的实际影响并不认为具有重要性。虽然机场的服务品牌满意度较高，但与旅客对服务品牌的重要性认知上存在较大的落差。服务品牌对于服务体验的价值及感知是起着重要的引导作用的。在现代的商业品牌中，品牌就是商业文化的象征，它代表了企业为顾客提供的价值，同时也汇聚着对这个价值认可的用户群体。

因此在现代商业社会中，由品牌认同而汇聚起来的粉丝群体甚至可以推动商业模式的发展。在机场服务中，通过品牌满意度数据的分析，我们观察到机场服务品牌建设在文化因素、粉丝文化形成，以及通过品牌进行旅客情绪干预方面的缺失。

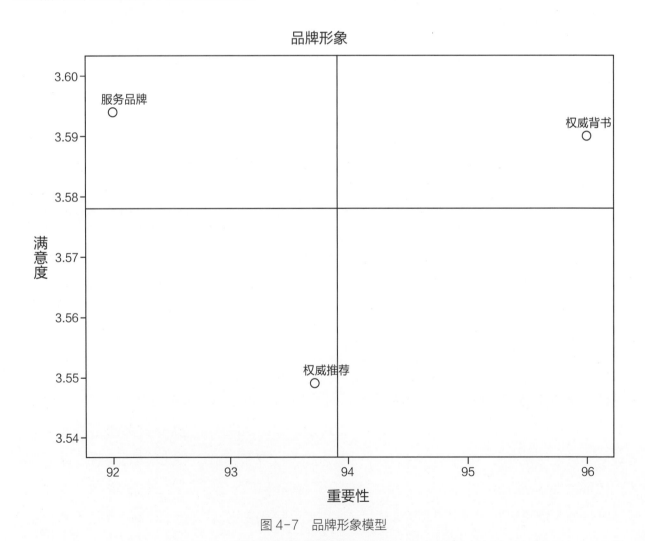

图 4-7 品牌形象模型

1. 机场服务品牌社会文化因素的缺失

品牌已经成为社会文化的重要缔造者。当下的社会文化是由众多的品牌共同作用和影响下形成的，随着互联网发展进入快车道，人们社会生活的各个方面均已被互联网化。互联网市场中的品牌已经从原来商品的符号蜕变为文化的传播符号。比如我们熟悉的猫王收音机就是很好的例证。猫王收音机作为一种中国对传统音乐收听方式以及对音乐品质的代表符号，把相关的价值和文化融入自身的品牌当中，并不断通过社交媒体、粉丝群体输出和推广符合自身品牌特性的推文和内容，通过特定的新媒体推广影响到更广泛的人群，进而，被"粉丝化"的用户群体又成为品牌新的助推力。品牌已经不再属于企业，而泛化成特定粉丝群的聚合点。企业和受众之间的关系也从以前"发布者—接受者"的关系，转变为"接受者—评论者—生产者—传播者"。用户在与品牌互动的过程当中成为品牌的推广者、内容的生产者，同时也成为品牌的一分子。因此，在机场服务中，机场服务的传播者应该由服务的提供侧转变为服务的接受侧，通过品牌的建设和文化宣导影响服务使用者，让他们成为机场服务及机场企业文化的传播者。

2. 机场品牌粉丝团体的缺位

粉丝文化代表了社会转型期互联网媒体所代表的新媒体日益深入社会生活，尤其是精神领域所呈现的多元化格局的状态。在这一时代当中，人们的价值观和思想意识也驳杂多样。粉丝文化的形成代表了社会平等化的趋势。我国的互联网土壤良好，在庞大互联网粉丝的推动下，粉丝的集体力量在一定程度上得到了重视，甚至在许多场合下得到了一定程度的重视，尤其在商业中得到了极大的尊重。商业利益权衡的天平逐渐倾向粉丝（用户）一方，粉丝不仅拥有选择自己喜好的权利，不会受到商业因素和利益的限制，同时，随着粉丝文化的进一步发展，它正在倒逼社会主流意识，逐渐让团体的意志在社会主流舆论中发声，从而将原本商业化的叙事逐渐转为大众化意愿。粉丝推动的商业模式创新，可以说是互联网经济中新的商业创新模式。它一改以往单纯从服务提供侧推动服务改良的做法，从服务需求侧主动牵引商业模式的变革。这一模式增加了顾客在服务系统中的参与度，让顾客与服务系统中的人员、触点、环境更顺畅地融合成一个整体。

3. 机场品牌对旅客情绪管理手段的缺位

在体验经济时代，体验的根本就是情绪和情感。所以，情绪本身在体验经济时代中被前所未有地赋予了新的意义，成为企业在市场中拥有的一种新的资本——情绪资本。在互联网社会环境中，泛社交化应用让产品和服务的输出从单纯的功能和应用层级向上拓展至更深层次的文化和内容输出。抖音、微信公众号等多种传播工具为用户提供各种与产品相关的体验认知。这些体验是先于用户的真实感知的，是在用户真实的与产品发生交互关系之前被置入用户的认知系统当中的。因此，当下的互联网体验经济是一个"验证"体验和感知的时代。它区别于以往先获取商品和服务，然后在使用过程中获得体验感知的商品经济时代。当下的互联网体验经济具有"先验"的性质，这种"先验"并不等同于康德所说的"所有那些不是与对象有关，而是与我们关于对象之认识方式有关的认识，只要它们是先天可能的，都称作'Transzendental'。'Transzendental'并不意味着某种超越出经验的东西（那将会是"超越的"），而是某种虽然先于经验（"先天的"），但除了使经验成为可能以外还没有得到更进一步规定的东西"。这种先验来自互联网植入的感知和体验，也是当下互联网体验经济时代，设计师所从事工作的重要组成部分。它不仅迎合消费者，而且参与塑造消费者的价值观，进而塑造消费者的梦想、幻觉、情感、欲望和"需求"。机场的服务也必须遵循互联网社会这一客观规律，通过互联网内容的传播，让机场品牌和旅客对机场的感知形成一个具体的认知，从而更好地把握和引导旅客的体验和进行旅客情绪管理。

第三节
出行预期对满意度的影响

一、机场出行的心理预期

通过行动障碍人群与健常旅客机场出行的影随观察与实测，我们认识到了行动障碍人群机场出行中通常存在着行为活动受限、行为表现差异化、行为灵活性差、活动空间大等出行行为特征。在行动障碍人群机场出行满意度定量研究中，我们发现旅客的服务经历与教育背景会对出行感知产生影响。同时，在机场出行服务过程中，旅客的感知质量与感知价值能直接影响旅客乘机满意度。在当下的机场出行服务中，行动障碍人群对机场出行中精神层面的体验需求强烈且不被满足。总的来说，就行为层面而言，行动障碍人群机场出行的问题主要存在于出行的整体性、舒适性、私密性、效率性四大方面。上文从行动障碍人群个体特征、机场服务条件的外部特征两个部分对行动障碍人群的服务体验产生机制进行了分析。如前所述，旅客的出行体验除了来自自身背景及认知、客观服务因素之外，还有一个关键的要素是服务预期。对于服务预期的形成机制的理解和剖析，将为我们更好地干预旅客的服务满意度起到积极的意义。通过前期研究，我们将旅客服务预期的形成归纳为以下几个方面。

1. 行动障碍个体认知对出行感知与评判的影响

在前阶段定量研究中，我们发现，个体受教育程度对感知及对满意度有影响。在通常情况下，一个人的学识往往会影响到他对事物的判断和认知。因而在动障碍人群机场出行中，受教育程度不同的人对出行体验的感知与评判标准不同。教育程度较高的障碍旅客，更有可能正确地看待自身的障碍情况并能调整好自己的心态，他们敏感、自卑的心理可能不强烈，同时在社交中对独立与尊重也不会太过刻意。教育程度导致的认知转变使得他们更有可能在出行中以更为平常的心态去感受和判断机场出行中所接触到的事物，个体正确的认知与积极的态度更能让他们感受到交往中的美好。反之，则可能因为过于在意自己的障碍和他人的看法，而无法认真去感受和判断出行中的事物。

2. 服务质量对出行感知的影响

顾客感知虽然是主观的，但感知的好坏很大程度仍受事物本身的优劣的影响。在行动障碍人群机场出行中，服务提供侧与服务的好坏同样会影响行动障碍人群机场出行的质量的高低。

在服务提供侧中，人员服务对行动障碍人群的出行影响较大，而服务中的关怀、服务人员的专业水平对行动障碍人群非常重要。在顾客对服务质量的感知中，服务人员，特别是一线服务人员，发挥着重要作用。生理上的差异使得多数行动障碍人群对社交更为敏感与脆弱。而出行活动的体验不仅只是基本生存，还有更高的层次的需求。除了生理上的舒适感，他们更需要满足心理上的"舒适"。这样的舒适性通常在于出行服务中的无差别对待、服务中的关怀与尊重。目前，场针对行动障碍人群所提供的服务、产品等多方面业务的出发点主要还是本着对行动障碍人群最为传统的"帮助"理念，尽可能快地去完成"他们的出行"。例如，行动障碍人群的特殊安检通道虽为特殊却在安检过程与服务中并无针对障碍情况的"特殊的安检"，不似机场女性安检通道中安检人员配置均为女性安检员。

在实际出行中，行动障碍人群期望的是能独立地去完成"自己的出行"，期待能被无差别对待。机场对于行动障碍人群机场出行体验的认知与体验者自身认知的差距，主要是因为机场没有了解到用户的根本需求要素，因而在设计与规范服务时偏离了行动障碍者的感知要素。就现在社会建设与发展状况，行动障碍人群的基本出行需求得到了满足，转而对出行中更多精神的体验更为渴求，比如出行中的娱乐体验等。因而机场服务提供侧在服务方面的设计与提供应从行动障碍人群的实际需求出发，结合现状进行设计与完善，以提高服务的质量，提高行动障碍人群的出行质量。

3. 社会环境影响行动障碍人群出行氛围

社会环境对行动障碍人群的出行的影响表现在对出行氛围的影响。行动障碍人群的出行等其他公共活动不仅需要服务提供方为其提供，更多的是社会需要为其营造良好的生活与工作环境，如社会对行动障碍人群等弱势群体的正确认知、保护其权益的政策支持等。这能有效地促进社会各单位或个体自觉主动地去服务与帮助行动障碍人群，且不会有恶语相向等降低行动障碍人群出行、工作等方面积极性的情况。目前的公共交通建设对行动障碍人群出行的"遗忘"在很大程度上抑制了其出行的需求，甚至对其出行造成潜在威胁，降低了他们出行的主观能动性，弱化了其对出行的期待，反而在需求得不到满足的过程中强化了挫败感，压抑了社会参与的积极性和自信心。研究发现，行动障碍人群机场出行对"服务关怀"的重要程度排名也是极高的。可见，良好的社会环境，对行动障碍人群出行积极性的影响很大，并且良好的社会环境还能促进行动障碍人群等弱势群体更多地参与到社会生活活动中，对构建和谐社会具有重要意义。

二、行为要素对感知预期的干预

1. 出行时长与流程

行动障碍人群作为公共服务空间的服务对象，他们在公共服务空间下的行为和出行流程往往与健常人士有所差异，因此在公共服务空间的服务相关系统中，行动障碍人群应当作为一个独立的用户群体被深入研究，人们应针对其需求对其服务交互触点进行设置与优化。根据前面研究，我们可以得知，行动障碍人群在机场出行过程中的心理预期、行为方式和实施时长较健常人群都有所不同。如前所述，行动障碍人群在机场出行整体时长至少达到六个小时，而健常人群一般的时长仅为三个小时。通过对比分析，我们发现造成时长拖延的原因，并不是行动障碍人群的生理缺失造成的行动不便，而是机场服务系统中信息引导的错位。纵观整个行动障碍人群在机场出行的行动流程，他们与机场出行服务系统的交互方式和行为都相对健常人更特殊与烦琐。

2. 出行预期与目标

从旅客的机场出行行为特征出发，我们可以对旅客在机场场景中对出行体验的期望值进行合理的评估。从值机、安检到登机的不同的场景当中，旅客的期望值都是可以被感知的一个"心理预期"的阈值。比如健常旅客一般到达机场的时间会控制在航班起飞前的两个小时。因此，在到达机场开始，从机场出发大厅场景中的值机行为到安检，用户预期的时间值会控制在一个小时左右。根据之前的研究，如果时间超过用户的预期，在高峰期人流量过大、行走的距离过长、航站楼信息不全造成的临时需要转换航站楼等超越用户预期的情况下，旅客就会出现不安的现象。旅客出行体验的质量取决于旅客对出行预期的认知。因此，在前期对旅客的预期进行干预是达到更好的用户预期的一个有效的途径。

在行动障碍人群的服务中，类似的认知落差还存在于多个服务环节当中。其中有一些还是系统中不同角色对服务预期的差异所导致的。比如，从服务提供方的角度看，针对行动障碍人群，机场提供了线上的服务预约以及线下的帮扶服务，让他们从计划选择机场出行方式开始，就已经走进了机场服务的系统之中。轮椅旅客可以通过网上预约服务，到机场现场享受帮扶服务，并将服务系统与轮椅旅客的首个交互触点从现场柜台申请移植到网络上，有效地提高了相关服务供给的稳定性，提高了服务质量且让服务更易于管理与分配。在具体服务流程中，当轮椅旅客到达机场，他们首先需要到服务柜台验证申请，验证通过后机场会分配服务人员陪伴并帮助轮椅旅客在机场完成各个出行步骤，直到旅客提出要求或登机离开。在机场服务工作人员帮扶的过程中，轮椅旅客在机场出行场景下会避开部分交互触点，如人工值机、托运工作、寻找登机口等，这对于行动障碍人群来说无疑是一个很好的服务和体验。但是，对于行动障碍人群来说，机场服务提供者的这一服务模式无疑加大了行动障碍人群的心理负担。而且漫长的等候、确认和验证过程，一步一步加深他们对自身身体与健常人不同的"异样感"，从而导致其在服务过程中的低感知体验。这与服务提供者所提供的服务行为是否细致、周到无关，而是由服务的出发点和对旅客人群的心理定位偏差所导致的（图4-8）。

图 4-8　轮椅旅客机场值机行为研究

通过对现场行动障碍人群的跟访和交流我们发现，行动障碍人群更希望自己可以作为一个健常人出现在公共视野当中，而不是被机场服务标签化为"特殊旅客"。因此，他们在一般情况下会拒绝使用机场服务网上预约服务。未预约帮扶服务的行动障碍人群在机场出行场景下接触到的服务相关系统更为复杂，他们必须亲力亲为办理所有机场出行手续，此时他们与机场的服务交互触点更多，与健常人群的出行流程交叉点数量也更多（图4-9）。

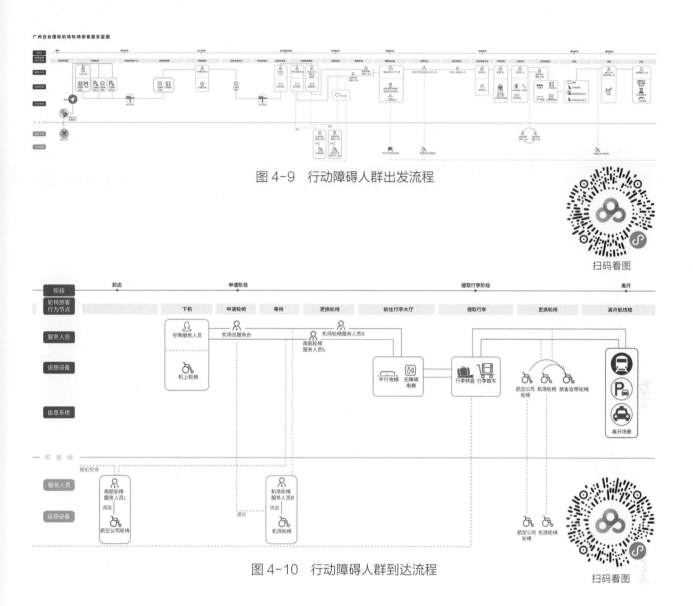

图 4-9　行动障碍人群出发流程

扫码看图

图 4-10　行动障碍人群到达流程

扫码看图

3. 行为细节与习惯

机场作为公共服务空间，其对行动障碍人群的服务相关系统要做到与健常旅客的服务相关系统完全
一致难度很高，对功能硬件设备和服务本身而言是巨大的挑战。而增加特殊的环境和空间以及特殊
的服务以实现满足行动障碍人群的特殊需求，这是相对快速且有效的方法。在机场针对行动障碍人
群出行流程的服务相关系统中，在可视线之上，分为服务人员、设施设备以及信息系统。他们在出
行流程所接触的服务相关系统中，与机场工作人员的触点相对数量更多，频率也更高。在生理上，
他们有的在肢体上有缺陷，力量和灵活度、身体触及范围及视野角度范围都与健常旅客有所不同；
在心理方面，行动障碍人群在公共场合往往会表现得紧张和焦虑，他们担心在人多的公共场合会容
易受伤，担心自己的操作慢导致错过航班或影响其他旅客。这些心理及行为的细节都会体现在行动
障碍人群具体的出行行为当中。例如，在自助终端机使用上，首先，自助终端机的造型与设置等不
便于他们的使用。其次，自助终端机处有较多的旅客，他们担心碰撞产生危险。再次，当他们使用时，
若无人帮助，他们的操作速度会影响后面排队的旅客。因此，在遇到问题和需要帮助时，在紧张的

状态下，他们反而会偏向于求助工作人员，放弃原有独立完成整个出行流程的想法。这样一方面让机场服务接待压力变大，另一方面也让他们的等待流程变得更加漫长，让他们的出行流程再次受到挫折，进而加大了他们出行的难度。特别是对于轮椅旅客来说，他们接触到的设施设备中，使用次数最多的就是轮椅，包括自己的轮椅、机场航站楼的轮椅、飞机上的轮椅，多次的轮椅更换耗费了他们大量的时间，同时也使他们在机场场景下的出行心理压力更大，心情更焦虑。

机场针对行动障碍人群出行流程的服务相关系统是较为完善的，行动障碍人群在其出行流程之下都有对应的服务交互触点，且机场有提供特殊的帮扶服务来减轻他们的负担。无论是可视线之上还是可视线之下，机场对于行动障碍人群的帮扶服务都有一定的资源投入和配备。这一套服务相关系统为他们的顺利出行提供了保障，体现了机场作为服务供给侧的使命和责任感。但不同人群关于出行预期和目标的偏差，经常会让服务系统中精确的服务流程设计、合理的服务触点和服务资源的配置都变成了无用功。因此，在服务系统的重塑和再造中，我们必须要充分考虑行动障碍人群的出行预期和感知因素。

4. 出行感知

好的服务系统不仅仅在于能够提供高效的服务让用户达到预期的目的，而更应该能让用户感受到服务提供侧为他们提供服务过程中倾注的关怀和温暖。服务系统不是一个冷冰冰的机械系统，它是由服务场景中的人员、设备等因素通过一定的流程纽带而构成的一个有机系统。服务系统中与用户接触的各个界面应该是有温度的，特别是在当下互联网的语境当中，冷冰冰的服务机器往往会遭到更多用户的诟病，更不要说为用户提供良好的体验了。机场是一个社会的公共服务窗口，机场的服务更加需要让每一个出行的旅客感受到温暖和贴心。近年在政府倡导服务意识的引领下，机场的服务意识大为加强，机场在服务效率、服务人员的素质及服务响应上进行了改良。但是，从对于机场出行旅客的访谈中我们可以得知，旅客对于机场服务提供侧所做的很多努力和尝试并不能感知得到。相反，旅客往往因为天气、流量控制等不可抗力的原因与机场服务方产生矛盾，从而发生投诉事件。

从服务设计的角度来说，对服务感知的绩效是衡量一个服务系统能不能与用户进行良好沟通和交互的重要指标。好的服务系统，能够让用户充分感知到服务侧对用户的感怀和温暖，通过众多的细节让服务深入人心，即使发生服务系统不可抗力的因素，也能让用户通过同理心更好地理解服务侧的难度，从而为服务的开展提供更宽松和更和谐的环境。机场就是这样一个需要提高服务感知绩效的典型场景。在当下的机场服务中，旅客对服务的感知是微弱的。一方面机场服务侧承受着因为不可抗力因素造成的旅客投诉，而另一方面旅客在机场服务中感受到的是冷冰冰的、不具有透明度的服务方式。因此，在机场的服务侧加强同理心的建设，把服务通过每个用户接触点的界面"传达"给旅客是当下解决机场服务体验的重要手段。

在行动障碍人群的服务上，服务感知提升更为重要。行动障碍人群中包含先天残障和后天残障两类人群。通过前期对行动障碍人群的深度访谈和研究，我们可以知道，行动障碍人群在心理基础上较健常人群更为脆弱。一是肢体障碍本身让他们觉得自己与社会健常人群具有差异性，他们在心理认同上和主流群体有一定的落差。二是后天残障人群在具有完整的心理意识之后遭受残障伤害会对他们的心理产生巨大的创伤。因此，他们在各个社会公共场合与人交往当中会显得尤为敏感。如何把握对行动障碍人群的服务，让他们在感受到机场服务的同时也能感受到机场服务侧对他们的尊重，这是机场服务系统设计中需要关注的重要方面。用户感知绩效的构建是全方位的，不仅仅包括服务流程，还必须包括服务人员的肢体语言、话术等更细节的服务环节。

第四节
出行满意度比较分析

通过以上观察分析，我们发现行动障碍人群在机场出行场景下，其行为特征表现与健常旅客具有一定的相似点，同时也具有区别于健常旅客的行为特征表现。

1. 便捷省力的行为选择模式

在机场出行场景下，行动障碍人群出行行为选择的模式近似于健常旅客选择模式——以便捷省力的行为模式为主。行动障碍人群在机场出行的环节中并非一定会选择机场为其提供的特殊服务。因为在自身的障碍对行动不产生过大影响的情况下，机场提供的特殊服务并不是一定会比普通服务更快捷、省力。据调研显示，在短途与短时间的行动条件下，行动障碍人群的行动力无异于健常旅客。在机场乘机业务办理流程中，他们通常会选择排队更短、业务办理花费时间更短、距离更近等能加快乘机进程的方式，而非展现人文关怀的特殊服务。虽然在某些情况下，特殊服务的确能令其机场出行更便捷，也能达到一定的省力效果，但这些服务本身会让行动障碍人群被标签化，从而加大他们的心理负担。

面对行动障碍人群机场出行选择便捷省力的行为需求，机场的特殊服务因服务对象种类多样，且服务资源规划不合理，使得本是为提高特殊旅客乘机体验的便捷服务，变得效率低下，特殊旅客需要花费更多的等待时间与精力。

2. 需求个性化，行为特征表现多样化

在行动障碍人群中，不同旅客的障碍情况不同，因而会导致在行动障碍人群小众群体内部产生进一步的类型细分，而不同障碍在旅客乘机出行中表现为行为特征的多样性。下肢障碍旅客在行走行为上表现较差，在出行中他们需要一定的外物或环境的辅助。例如，部分老年群体或腿部疾病旅客会需要轮椅或拐杖；携带婴儿的哺乳期的妈妈，其障碍因素致使其部分行为需要一定的活动空间，且该行为活动空间需要一定的隐私性与独立性。因此，行动障碍人群的出行行为是多样化、个性化的。针对行动障碍人群的机场出行服务并非只提供简单的"特殊化服务"就能将其行为特征简单地融合在一起，机场所提供的服务应该针对不同障碍类型特征为其提供个性化的服务。

机场出行服务是一个整体的系统。在行动障碍人群的服务当中，个性化的需求会辐射到每一个服务的环节和流程中。比如哺乳人群的隐私性需求不仅在值机环节会产生，同时在候机、落地环节也需要考虑。因而机场服务如何对各个人群的需求点，结合机场流程环节及空间布局进行整体考虑，从而多角度地思考机场服务系统在空间、服务触点、流程等各个环节的构成，是当下服务设计中的新挑战。

3. 行为灵活性低，活动范围有限

在旅客机场出行场景中，部分健常旅客也会因障碍原因而出现行为灵活性降低的情况，其中以负荷型旅客尤为突出。比如旅客因行李或携带儿童而造成一定的行动功能障碍，使得其行为灵活性相对正常状态低下。或者，抱着小孩的旅客拿取证件时手部动作不流畅，且身体因为负重较大又需要保护孩子的安全，因此身体的灵活性也会变得很差。

在机场空间的行动上，旅客的障碍情况通过其行动能力也间接限制了其活动范围。行动障碍因素使得旅客活动范围受限。轮椅旅客在楼层间的转换只能通过上下电梯，部分接受轮椅服务的旅客在候机时仅能在离登机口较远的特殊旅客候机区服务点等待，母婴群体也会因障碍因素的影响而需要集中在有母婴室的范围活动。相关的集中地点和障碍人群的服务空间，在现有机场服务空间的设计中一般远离各个出行流程的区域。比如母婴室现在一般设置在候机区的主通道口位置。这一位置的设定是为了提高母婴室的使用效率，让每一个出发候机的母婴旅客都能在必经之路上看到，并使用这一空间。但是，这一设置也带来不便的因素。现有的母婴空间的设置与旅客登机的流程是相背离的。主通道口往往与登机走廊有着较长的路程距离。因而，服务触点的个性化和服务系统的整合性在母婴旅客的需求上产生了矛盾。在机场公共活动空间设计上，机场一直在追求更高的包容性与开放性，尽量避免小空间，多以宽阔、较大的空间以应对行动障碍行为特点及活动变化。但在功能性空间选址与数量上，机场却需要平衡需求的频度和服务的辐射度，要做到尽可能多地辐射所有机场场域。

4. 行为尺度特殊化

自助化乘机在越来越多地替代人工服务，行动障碍人群却因设备尺度与自身的尺度不适配，没能很好地享受自助化带来的便捷。如轮椅旅客因自助值机与自助托运设备人机尺度"正常"而导致使用困难，加剧出行中的障碍。而在出行中，无论是自助设备还是简单的休息设施都应该在满足大众化的人机尺度的条件下，设立或设计适合行动障碍人群的使用。

5. 行动范围与习惯对行动障碍人群的心理影响

如前面研究所述，行动障碍人群因为其心理及生理的特征影响，其行为规律有着明显的圈层性。圈层性特征让他们的行动规律与健常人群有着明显的区别。首先，行动障碍人群的行动范围从内向外随着行动半径的加大，行动的频率明显减少。行动障碍人群倾向于在自己熟悉的生活圈、社群集域圈中活动，而对于陌生的城际圈较少涉足。其次，行动障碍人群的行动规律与他们的心理感知密切相关，当他们对外界的事物感到恐惧和不安时，他们倾向于回避外出的行为。这也是造成他们活动范围主要集中在生活圈层的核心原因。因此，破除公共社交对行动障碍人群造成的心理负担，让他们更好地感知和体验到社会、社群对他们的友善，是鼓励他们迈出生活圈走向社会的第一步。这也是建立良好的行动障碍人群出行体验的基础。否则，即便再好的无障碍设施、再细致和周到的服务，在无障碍人群眼中都会成为标榜他们与社会中其他健常人群差异性的标签。

第 5 章

行动障碍人群机场出行服务重塑

第一节
出行服务体验模型与影响因素

机场是一个城市中市民出行所涉及的核心要素和出行环节。对于机场行动障碍人群的出行因素的提取，是我们进行服务重塑的关键一步。我们从行动障碍人群出行的行为流程出发，把复杂的服务流程进行抽象、归纳，得出抽象的出行模型，并把前期的研究数据重新放入经过整理的模型之中。这样我们就能更清晰地得出我们在对服务设计进行重塑时所需要解决的核心问题。同时，通过前期的分析，我们可以得知，出行期望、出行感知以及旅客的包容性三个因素会较大程度地影响其出行行为，进而影响出行感知。因此我们需要在构建出行行为之上，先对出行期望、出行感知、旅客情感包容性进行分析，进而才能抛开感性认知层面，从事理的角度出发去解剖出行行为模型。

一、服务体验模型构建

出行行为模型的建立，关键在于抽象行为本身的规律性，并且需要从方法论上建立对出行行为本身与出行服务、出行各个相关场景之间的相互关系。对出行行为建模的方法，不同学者广泛运用了运筹学、计算机科学、交通运输科学等相关领域的知识和观念，根据不同场景中的出行行为模式，抽象出以节点为代表的各关键场景和环节，以及连接各个节点中的行为及交互方式，以抽象的方法对出行行为中的场景进行定义，并且筛选出典型场景，同时，以动态的方式评估用户在两个关键场景节点之间的行为，并且把这种行为定义为两个节点之间的连接。这一方法是为出行行为进行抽象的模型构建的一个通用的方法。此方法被广泛运用于交通路径规划问题的研究上面，作为出行方案最合理求解算法的基础而被使用的。近年来随着国内高铁网络的发展，国内学者开始更多地研究旅客出行的模式，以及面向旅客出行需求的出行方案合理化求解算法。该领域的研究主要侧重于旅客出发、换乘、到达的交通网络构建、出行行为模型建立和出行方案求解三个方面。

旅客出行行为的模型构建是出行规划问题研究的基础。不同的信息来源可构造不同层次的出行需求及行为模式。现有的基于交通出行问题的研究，所关注的问题大多集中于出行的效率、便捷性和出行成本三个方面。在出行服务的可靠性及满意度上面，相关的研究并不多见。随着高铁在世界范围内的普及，人们出行的频率逐次升高。高铁便捷、准时的特点，为传统的航空市场带来了巨大的挑战。相较高铁出行，因为航路、天气等原因，飞机出行时间往往因受到众多不确定因素的影响而延误，从而造成用户体验的下降。进而，国内高铁的整体服务在建立之初就是以机场服务为蓝本进行的。因此，在准点率比飞机出行高的情况下，高铁出行在当下更能获得用户体验的正向反馈。为此，航空业在受到高铁竞争压力的情况下，开始采用科学的方法研究如何提升机场的服务水平及整体服务素质。

交通行业的服务评价研究始于 20 世纪 80 年代，是对交通行业本身的可靠性进行评价。这类研究中所谈的可靠性从交通枢纽中的"连通可靠度"（Connectivity），以及"容量可靠度"（Capacity Reliability）两个维度进行。连通可靠度是从空间维度评价交通枢纽的物理连通性，最早由日本美袮川井在 1982 年提出，饭田恭敬等人做了进一步的研究。它反映的是交通枢纽中任意两个节点保持连通的概率。在整个出行服务环节中，每相邻的两对触点可以看成是一对 OD（Origin & Destination）。美袮的研究旨在提供一个评价两个节点之间畅通与否的评价体系。他认为节点之间的顺畅度是整个交通枢纽系统的关键所在。如果从评价产品的角度看的话，这两个维度所涉及的只限于对出行服务产品的"可用性"进行评价。他并没有从"体验"层面对用户在出行效率、情感等方面进行更高层次的研究。在出行可靠度的基础之上，安东尼等于 2002 年提出了"容量可靠度"的概念。与美袮不同，安东尼是从旅行者的角度出发去看待出行的可靠性问题。其定义是在一定的服务水平下，交通枢纽能满足一定出行需求水平的概率。他分析了不同交通枢纽场景的容量限制问题，又考虑了出行者的行动路线选择，弥补了连通可靠度的一些缺陷。容量可靠度的提出，可以看作是出行服务的研究者们开始使用以用户为中心的观点进行研究的切入点。

在出行的容量可靠度、连通可靠度的维度之外，Asakura 和 Kashiwadani 最早于 1991 年提出了出行服务评价的时间维度。它是在满足空间可达性基础上评价出行行为的稳定性的指标体系。它补充了原有容量可靠度和连通可靠度只从单一维度对出行场景研究的片面性和缺憾，进而从时间和空间两个维度构建较为完整的出行场景服务的系统可靠性体系。国内学者熊志华在时间可靠性理论的基础上从目标层、准则层和指标层三个层次，建立了交通服务枢纽中出行时间可靠性的评价指标体系。

国内外学者对出行服务的研究，经历了从一维到多维，从单因素到多因素，从物理层面到服务层面，从以服务提供方为主到以出行用户为中心的发展过程。服务评价也经历了在一维的空间连通性评价、二维的时空评价基础上，相关研究以用户体验为中心构建从服务可靠性、服务体验界面的友好性到用户对服务感受的认同度的不同维度的评价方法。在侧重服务的研究上面，早期的研究侧重于从乘客角度出发，对交通站场和系统服务的可靠性进行研究。Sterman首次提出了公共交通服务可靠性的概念，并定性分析了影响可靠性的因素。Chapman对公交服务可靠性进行了定义。Polus对公共交通服务可靠性的定义为"在一段时间中提供稳定服务的能力"。公共交通服务可靠性研究的实质是，在特定的时间中，服务提供方所提出的服务内容、方式和时间与实际提供的服务情况之间的差别，用户对于服务品质偏离的容忍度，以及该偏离值的范围和概率。

国内对公共交通领域的服务可靠性研究还停留在研究网络可靠性（运行）的阶段。大部分对交通领域进行服务研究的学者，还是更关注交通网络本身的运力、连通速度、容量以及相关运输网络的可靠性。该类的研究还是从公交系统为用户提供的服务的准点率、完成运输任务的概率等方面着手的。如毛林繁用双层规划法研究公交网络的可靠性，刘瑞、戴帅、高桂凤等对公交网络可靠性进行定义和分析，威化、赵航、衡玉明对公交服务可靠性进行研究。如果我们把公交系统看作一个大的城市服务的"产品"的话，该类研究还是停留在对产品的基本的"可用性"基础之上，并没有更深入地切入用户情感、用户感知等深层用户体验的研究之中。但是，之前交通领域的研究学者对交通问题的抽象，以及对交通场景中用户行为、服务流程、出行旅客的流量，及各个关键因素的提炼和总结，都成为本书对行动障碍人群出行服务研究的坚实基础。

机场出行服务设计问题，是对旅客在机场出行过程中各类服务、流程、行为进行时空顺序编排的研究。传统的机场、车站等的出行服务设计问题，无论是对货还是对人，大多数都是从空间或者时间维度进行"路径"的设计，所考虑的服务限于旅客出行中的"交通行为"，服务流程上更多地从运输的角度考虑如何快速分流、疏导，以及如何让旅客顺利搭乘对应的航班或车次。以往公共交通的服务设计并没有把旅客的"体验"作为一个重要的因素进行考量。以往对旅客行为的评测和研究关注点更多的放在对"出行行为"的有效性评价，也就是对旅客在机场等场景中，与出行相关的行李托运、办理登机登车、行走运输等过程和步骤的行为研究上。然而，旅客出行的实际过程是由多种出行行为组合而成的。既有的研究所考虑的维度不够全面，尚不能完全适应旅客出行体验的多样化需求，也不能把出行行为放置到场景当中，在场景当中深入地剖析旅客的行为现象背后的目的和含义。因此我们有必要对出行场景中服务设计问题的特征进行分析和抽象，进行理论研究。本章节将建立旅客出行服务设计问题的一般模型，分析其与既有研究中相关问题的关系，给出旅客出行服务设计问题的一般求解方法，作为后续研究的基础。

机场出行服务设计问题的结果是设计出覆盖旅客机场出行全程的服务设计方案。但不同的旅客，他们的偏好是不同的。比如，有人对时间更加敏感，希望减少在机场的滞留时间；有人对价钱敏感，宁愿多花点时间也要节省自己的出行费用；还有人对服务品质更感兴趣，希望减少出行场景中转换的路途和体力，也希望从等待到出发的这个过程能够更加舒适。因此，针对不同人群的不同需求，我们需要过滤共性需求和个性需求。在公共服务场景中，服务资源是有限的，虽然机场等公共场景也具有商业性质，但其公共属性要强于商业属性。因此，公共场景中的服务资源配置应该遵循公平合理的原则，在照顾绝大部分旅客的共性需求之后，才能考虑对个性需求的投入和配置；而且对于部分服务资源投入需求大的个性需求，应该不做考虑或者不纳入服务设计优化的目标。同时，针对出行场景中的个性化和共性问题，我们应该通过问卷和体验评价等研究手段建立评价体系，对不同旅客人群的服务需求的个性和共性偏好进行标注和研究。本章节将对不同层次的出行服务体验问题进行探讨，分析总结各类出行服务体验问题的特征、共性和区别，并提出机场出行行为的模型。

1. 服务流程特征提炼

旅客机场出行服务设计问题是根据旅客出行需求对出行过程中各类行为的衔接方案进行设计的优化决策问题。本章节通过对旅客出行的实际物理过程进行分析，以抽象出机场出行服务设计问题的一般特征。

行动障碍人群在机场场景出行的全过程是出行者从起点（到达机场）到终点（登上飞机）间一系列行为的顺序组合。这些行为占据一定的时间区间和空间区间，且存在不同的表现形式，如值机、托运、行走、安检、乘车（摆渡）、等待、登机等。图5-1描述了一个典型的旅客机场出行的行为过程，从起点到终点共经过10个中间地点，进行了行走、询问、值机、托运、安检、乘车、登机检查、摆渡车、登机等10个行为。行动障碍人群机场出行全过程是这些行为的有序衔接。

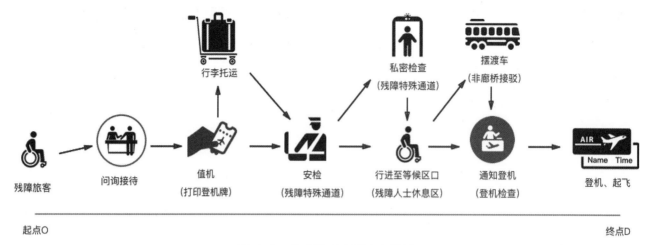

行李托运 私密检查(残障特殊通道) 摆渡车(非廊桥接驳)

残障旅客 问询接待 值机(打印登机牌) 安检(残障特殊通道) 行进至等候区口(残障人士休息区) 通知登机(登机检查) 登机、起飞

起点O 终点D

图 5-1 行动障碍人群出行模型

从图中可以看出，行动障碍人群机场出行物理过程的基本要素是行走、值机、安检等与出行相关的关键要素。各个关键要素之间的空间或者时间转换用虚线表示。本书将这种行动障碍人群的自主行为称为"出行行为"。它们拥有共同的特征：第一，均占据一定的空间区间；第二，均占据一定的时间区间；第三，均有一定的表现形式或存在一定的附加价值。例如，行走行为所占据的空间范围是从到达机场或下车点到问询、值机等中途各个触点的空间连线。完成该行为需要经过一定的时间段，其表现形式为行走、接驳车的运载等。又如，等候过程发生的地点为同一个空间"点"，可视为起止点相同的一个空间"线段"，发生时间为一个时间的区段，其价值是实现了出行旅客的休息需要。再如，换乘和接驳行为需要经过一定的时间段，其空间范围可以是一个空间的"点"（同地点衔接）或者可以是一个空间线段（非同地点的衔接），其表现形式可以是相同的交通方式或者是不同的交通方式。就以广州白云机场来说，行动障碍人群的轮椅是不允许随身携带上飞机的。因此行动障碍人群需要在到达机场后把自己的轮椅托运，并更换使用机场的代用轮椅。因此，即便是同一个交通方式，但由于涉及托运、更换轮椅，行动障碍人群在此触点中还是需要涉及接驳和衔接的问题。该行为的价值在于实现行动障碍人群在前后两个出行行为间的衔接。而在服务流程当中，衔接处往往是出现问题最多的症结所在。

由于出行行为都占据一定的时间和空间的区域，因此出行行为的开始和结束在时间和空间维度均存在相应的起点和终点。并且，出行行为有一定的表现形式和附加价值，即使是相同的时空起止点的行为，其表现形式也不尽相同。比如同是从地铁到达广州白云机场搭乘飞机的行为，由于航班班次不同，时间不同，到达和出发的时间不同，人的行为表现形式也必定不同。因此，任意的出行行为可以用其初态、过程状态和终态的组合来唯一表示。本章节将出行行为的初态、过程状态和终态统称为出行状态，每个出行状态包含时间、空间和附加价值等属性值。每两个相邻出行状态的改变是通过出行行为在服务流程过程中的推进而实现的。旅客在出行起点所处的状态称为起始状态，在终点的状态称为目标状态。因此，从起始状态到目标状态的变化过程是通过一系列的出行行为进行实现的。这些出行行为需要满足时间和空间的衔接约束。也就是说这些出行行为在时间和空间维度上，相邻的两者都是能顺序连接的。

综上所述，行动障碍人群的机场出行行为，从抽象的层面看就是旅客通过实施若干项出行行为，最终实现其出行状态变化的过程。

2. 出行服务问题特征提炼

在上面论述中，我们对行动障碍人群出行的实际物理过程进行了分析，并从需求的角度，将旅客的出行全过程描述为：旅客进行若干项出行行为的连续变化过程。这些出行行为需要有相应的出行服务供给才能得以实现。那么从供给的角度，旅客的出行全过程则可以描述为：通过出行服务的供给而实现出行状态的变化的过程。

从出行服务的供给方——机场方面看来，旅客的出行全过程是由不同的出行服务构成的出行行为链条，每一项出行行为都对应着特定的出行服务和场景。那么，旅客的出行全过程就可以抽象为由若干项出行服务经时空衔接而成的出行方案。因此，上述旅客出行流程图中所述的全过程可以抽象成为图 5-2 所示的逻辑过程。其中出行服务从供给侧的角度给了出行行为以物理的支撑，让出行行为得以实现。每一个场景中供给侧的服务都对应着旅客的出行行为，每一个出行行为都有着开始和结束的关联，而且首尾相连接。因此它们在逻辑上都可以表示为一个初态和终态的组合关系。每一组出行行为都有着时间、空间和附加值等属性。

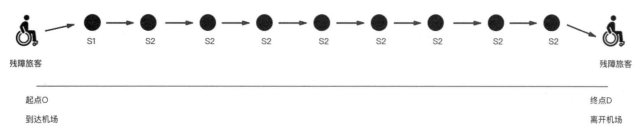

图 5-2　行动障碍人群出行特征提炼

如前所述，机场出行服务的实质是在已知的起始和目标状态的条件下，从特定的服务系统中选择若干出行服务，并在空间和时间上进行分配，以满足旅客出行状态改变的需求，最终形成旅客在机场出行行为链条的全过程。出行服务设计问题的一般结构如图 5-3 所示。出行问题的实质是一系列将出行服务供给与出行需求进行匹配的过程。旅客在服务资源池中根据自己的需求和期望选取自己认为最合适的资源进行组合而成的个性化的方案。服务资源和旅客的服务需求的匹配程度决定了机场出行服务的效率和体验。对于行为障碍旅客来说，服务资源的丰富程度，以及服务响应的效率是行动障碍人群获取优质出行体验的关键因素。

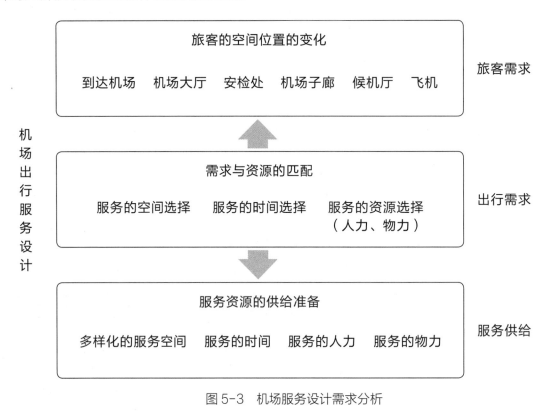

图 5-3　机场服务设计需求分析

在现实的机场场景当中，机场是一个由多个功能空间组成的巨型的空间系统。同时，在这个系统当中，旅客的容量、通过性效率、时间因素都是需要考虑的综合因素。不仅仅是服务资源有无的关系，服务资源配置的比例关系也尤为重要。在高峰期与平峰期的资源配比十分关键。因此，服务资源的配给合理，保证旅客 24 小时出行都能获得一致的体验是对机场服务的一个重要的考验。

二、出行期望对体验模型的影响

人的行为是基于场景而产生的，在特定的场景当中，人们对场景当中事物的感知、情绪、认知都会对行为产生根本性的影响。而且场景中的体验感知本身就对行为有决定性的作用。如人们在教堂当中会自觉地小声交谈，或者避免交谈以保持环境的肃穆、庄严。而在娱乐场景当中，人们则会放声歌唱。因此我们在研究人的行为模式的时候必须对特定场景中人的体验和感知进行深入的研究，并定义出该场景中对体验具有核心影响力的决定性因素。目前，基于出行行为体验的要素研究和总结在国内较为鲜见。Jason D. Runyan 等以学生人群为研究对象，研究基于社会行为及多元文化背景下人们对于社会生活的体验及感知。A.M. Tikhomirova 等从生物意识研究的角度对年轻群体在社会消费行为中的体验做了研究。国外的学者对体验设计的研究大多集中于对用户在市场消费行为及互联网相关产品行为体验上的研究。这类研究一方面是从社会学入手，对新的数字社会中互联网技术普及对人类行为的改变和影响做较深入的分析；另一方面则从商业的角度对当下社会中各个群体在应用互联网技术所带来的生活形态的改变上做进一步的挖掘和总结。本书希望通过该类研究，为产品及服务的创新、社会及公共政策的制定提供依据。我国湖南大学何人可教授对基于用户的行为体验，提出在服务场景中用户行为与体验产生的"转换过程"，并提出在服务场景中，用户的行为体验再现所经历的四个语义形态：感受语义、特征语义、需求语义以及状态语义。在不同的服务流程和环节中，用户行为与服务流程、触点的交互关系形成了服务场景中的交互叙事语境。我们把旅客在出行场景中的行为也看作旅客日常行为的一个场景。因此，本书借鉴了基于服务研究的用户体验的观点和角度。

结合对出行问题的研究的前期成果，我们可以把旅客机场出行问题分为强度、距离、耗时、出行方式、时间分布（高峰、平峰）、出行空间六个指标项，同时把出行行为的体验分为感知绩效、旅客期望、用户抱怨、品牌忠诚四个维度。服务流程是一个连贯的行为链条，服务流程本身并不直接对旅客输出用户体验。用户在机场出行的体验来自与服务流程交互的行为过程当中。因此，我们需要从感知绩效、旅客期望、用户抱怨、品牌美誉四个维度解剖旅客在机场出行行为过程的情感体验、认知感受，进而解释为什么用户会在机场出行过程中形成特定的感知。

然而，行动障碍人群的出行问题远远复杂于健常人群。在机场场景当中，行动障碍人群因为需要托运轮椅、检查假肢、提交适合乘机证明等复杂环节，往往让机场出行的流程变得不可控。因此，行动障碍人群很难为自己的机场出行定义一个较为合理的，涵盖时间、强度、距离等方面的合理"预期值"。在前期的研究当中，我们往往发现行动障碍人群会提早六到八个小时到达机场办理相关的手续。这个时间跨度是健常人群不可想象的。因此，提高行动障碍人群机场出行流程的透明度，让行动障碍人群的机场出行成本变得可控和可预期，是提高该群体用户体验的首要条件。

三、出行感知对体验模型的影响

用户对服务体验好坏的判断，来自用户对服务预期和真实服务感受之间落差的大小。在服务感知绩效相等的情况下，如果用户对服务预期越高，而现实中感受到的实际服务质量较预期低，那么用户对服务质量的体验必定是差的。反之，如果实际的服务质量感受好于预期，那么用户对服务质量的体验就会是正向的感受。因此，用户对实际服务过程中产生的抱怨和投诉将会是服务质量中一个重要的核心要素。

用户的投诉和抱怨在服务研究中一般会按照信息分类归纳的方式进行研究。首先是对服务投诉的数据收集。这个部分可以通过服务投诉热线、服务记录簿等方式把日常服务流程中用户发生的投诉事件记录在案，通过数据的整理和分析进行归纳。这一类的信息多为用户主动投诉产生的。在这类投诉的处理和记录方式上，往往企业会因应投诉采用结构化的处理方式，让用户通过系统的方式把自己的意见分类地表达和记录下来。因此，这类的信息是较好处理和归纳的。但是，因为这类信息的获取对服务供给侧来说是被动的，需要用户主动介入，用户所付出的意愿和成本会比较高。若非逼不得已，用户对一般性的意见往往不愿意投入时间成本去完成复杂的投诉流程。为此，在服务过程中加入服务提供方主动邀请的服务质量测评，通过问卷和访谈等形式主动获取用户对服务质量的投诉和意见是服务体验质量评价的核心要素。

第二节
服务流程的重塑

设计作为人类改造世界、构造美好生活、解决问题的高端技能，一直富含着人文主义的诉求和理想主义的情怀。如前所述，随着社会文明程度的提高，以及社会公平意识的逐渐普及，障碍问题已经从单一维度的个人问题归因转向了社会学的层面。障碍问题的定性也从单纯的疾病、残疾的维度，逐渐向多元化角度分野。比如 IDICH 国际残障定义就从简单的对人身体机能健全与否的分类，转向了更完整的分类方式。新的国际残障分类方法中包括了 ICD 和 ICF 两个分类方式。ICD 更偏向于对由疾病引起的身体机能障碍进行定义，而 ICF 则从社会服务的角度以及从个人的身体机能缺失造成的对融入社会、参与社会不便性的角度对个体的障碍程度进行分类。从 ICF 的分类方式中我们可以看到，社会对个体的不便性的理解已经从基本的物理可达性，转移到更广泛的领域。它包括对障碍个体的平等、安全、尊严、隐私等的保护。

所有的变化与现象都在于当下社会对公平性的考量已经作为衡量社会文明程度的一个维度。而且民众也逐渐开始对社会的权利和生活的品质具有一定的认知。2010 年，英国平等法案的推行，是英国在社会权益上对这一趋势变化的一个反映。英国的平等法案对个人权益、机会平等进行保护和促进，它承认八项受保护的特征，包括年龄、残疾、变性、婚姻和民事伴侣关系、怀孕和生育、种族、宗教和信仰、性和性取向。可以看出，包容性设计所指的"包容"已经不仅限于身体机能的障碍，它还包括了由于社会歧视、社会关系、宗教、隐私等问题造成的社会生活不便的问题。

大部分旅客前往机场的最终目的是为了及时搭乘预定的航班，而整个过程可以称为是"找路"的过程，包括了定位、选择路线、观测路线、确认目的地四个阶段。而为了让旅客顺畅完成乘机流程这一"找路"过程，机场需要回答旅客两个基本的问题："乘机流程是什么"和"乘机流程怎么完成"。参考之前的调研资料，为解决肢体残疾旅客的两个疑惑，本章节结合阿布－贾兹提出的可能影响"找路"的物理环境的三个特点与无障碍设计特性，提出以下设计策略。

一、服务触点的合理化

服务触点是服务流程中用户与服务提供者之间的连接点，而在机场中，服务触点指肢体残疾旅客与机场互动的连接点，包括机场工作人员、智能设备、无障碍设施等。以广州白云机场为例，综合所有肢体残疾旅客的调研资料与数据，我们以地图的形式展示出肢体残疾旅客在机场中的服务触点（图5-4）。其中，从机场出发大厅44号门到登机口B265的肢体残疾旅客服务流程为标准乘机服务流程。

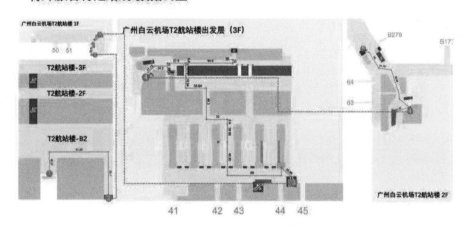

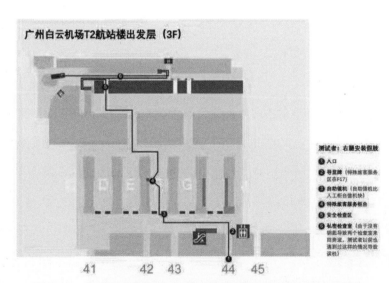

扫码看图

图5-4 广州白云机场肢体残疾旅客乘机流程服务触点地图

流程服务触点体现了用户在环境中完成服务流程的实际动线，而流程服务触点的合理性即用户流程服务触点应与环境中规划与设置的用户服务流程相一致。而将流程服务触点的合理性应用于机场，则肢体残疾旅客的流程服务触点应与机场规划的或最优的标准乘机服务流程具有一致性。

从肢体残疾旅客在白云机场的流程服务触点地图中我们可以发现，导致流程服务触点的合理性不足的原因在于：

（1）机场规划的肢体残疾旅客标准乘机服务流程存在缺口。例如，部分机场在机场入口处的车道旁并未设置无障碍停车位，标准乘机服务流程的起点缺失，易导致肢体残疾旅客多走冤枉路，而多走冤枉路给肢体残疾旅客带来了行走负担，亦容易催生挫折感。

（2）机场规划的肢体残疾旅客标准乘机流程上存在偏离的流程节点。肢体残疾旅客的乘机服务流程主要分为值机与托运、安检、候机、登机，这些分流程间连接的顺畅性是旅客完成乘机服务的基础。为此，此类分流程对应的节点均应设置在规划的标准乘机服务流程上。而广州白云机场安检流程中的重要场所——私密检查室的位置就偏离了标准乘机服务流程。

（3）流程节点的不易识别增加了服务触点。肢体残疾旅客的数量较少，机场中设置的特殊旅客服务柜台、通道等均数量较少，且位置较偏。因此造成了肢体残疾旅客较难从环境中直接、快速获取相关的位置信息，从而增加了问询、寻找的时间，在乘机流程动线上产生了多余的服务触点。

提升流程服务触点的合理性可通过以下设计策略解决：

（1）基于肢体残疾旅客的行为特性进行乘机服务流程设计。肢体残疾旅客乘机服务流程的设计应该考虑肢体残疾旅客的行为特性（人体尺寸、活动空间、辅助器具需求等）对机场停车位、柜台、设施设备、空间、标识等的影响及肢体残疾旅客的需求。

（2）流程服务触点的合理布局。肢体残疾旅客在乘机服务流程中所接触的无障碍服务站点、自助查询设备、设施设备等应合理布局。无障碍服务站点、无障碍卫生间的间距不应大于 500 米，航站楼内每 500 米应设置无障碍休息区或休息座椅。

（3）提高肢体残疾旅客服务流程节点的可识别性。机场环境存在给予肢体残疾旅客刺激过少的现象，导致肢体残疾旅客较难或不能获取乘机服务流程节点信息。为此机场应适当提高机场环境中肢体残疾服务流程节点的刺激性，可通过对其乘机服务流程节点进行差异化设计，在颜色、标志、图形等方面进行特别设计。

（4）提高导视内容及其所处位置的合理性。机场导视内容及其所处位置取决于每个用户类别在机场中执行的"找路"任务。而机场中问询等服务触点的出现，一方面在于重要流程节点的识别度不高，一方面在于流程中部分服务触点处缺乏导视。提高肢体残疾旅客乘机服务流程的顺畅度，即应在流程中位置、距离合适的地方增设相关的导视内容。如针对轮椅旅客乘坐无障碍电梯进入出发大厅，机场应在电梯出口设置肢体残疾旅客乘机服务流程信息与空间位置指引。

二、服务流程的连贯性

现有机场仍是以功能作为空间划分的依据，乘机服务流程主要以值机与托运、安检、候机三大功能空间组成。乘机服务流程的无缝连接需考虑功能空间的连接与功能空间中两个地点间的连接，使之串联在一起。

1. 导视系统的同一连贯性

同一连贯性原则认为由一致的视觉特性连接起来的元素易被认为是同一群组或同一模块，让人觉得彼此间有关联性。同一连贯性原则应用的连接线策略以一条明确的线条连接不同的元素，可用于连接相隔较远的元素，亦可用于暗示顺序。连接线策略的重要应用为盲道，盲道为视觉障碍人士提供了无障碍设施与服务间的连接，其他类型的残疾旅客亦会通过盲道寻找无障碍设施与服务。机场可于机场地面设置线条导视，将肢体残疾乘机服务流程中的关键节点连接起来，包括无障碍问询柜台、特殊旅客服务柜台、特殊旅客安检通道、特殊旅客休息区，让流程无缝连接。

图 5-5　日本成田国际机场

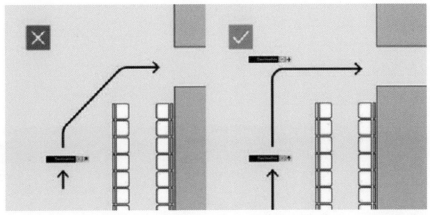

a）切勿通过使用倾斜的箭头（45°）表示"直行一段短距离，然后转弯"，从而将两个导引信息组合到一个标志上。在这种情况下，应使用两个标志，表示"直行"，在决定转弯处指示下一个。

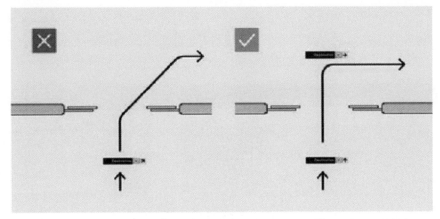

b）类似的情形有：当方向指示牌设置于出口处，却把用户引导到偏离实际出口的地方。

图 5-6　方向指示牌设置

2. 导视系统的连续性

机场乘机服务流程存在缺口的部分原是导视系统的连续性不足，在旅客乘机服务流程上的部分节点并未设置导视信息。通过调研，肢体残疾旅客在机场最常问询的位置与内容、肢体残疾旅客乘机服务流程上的缺口可被筛选出来，在缺口处设置方向指示牌，可提升乘机服务流程的流畅性。方向指示牌应设置于机场旅客决定选择前往目的地路径方向，例如在机场的入口处、特殊旅客服务柜台附近、安检通道门口等特定流程节点设置特殊旅客服务流程方向指示牌，同时与特殊旅客服务流程中存在转折的地方亦设置方向指示牌。

3. 导视内容的多样性

机场导视系统的目的在于为所有旅客提供从附近道路和干线到机场航站楼的所有区域与停车设施的安全、便捷、有效的进入方式。出发旅客可通过机票信息等获取机场中相关的导视信息。现有机场为出发旅客提供的导视系统主要包括以下内容：

（1）方向指示牌：指引旅客前往某一目的地或流程节点。

（2）航站楼平面图：客观全面展示机场中流程空间、柜台、设施等的位置。

（3）航班信息显示系统：显示航班与登机口等信息。

（4）服务设施标识牌：展示服务设施的名称等。

a）方向指示牌

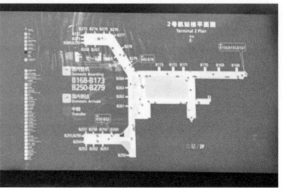
b）航站楼平面图

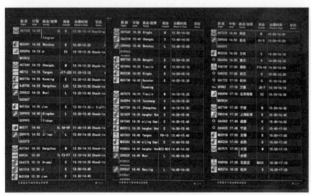
c）航班信息显示系统

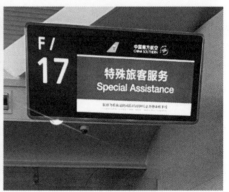
d）服务设施标识牌

图 5-7　广州白云机场导视系统

由机场的导视系统分类可知，大部分机场的导视内容为空间、服务设施、航班信息等，导视内容间缺乏关联性。因此初次乘机的旅客难以将独立的导视内容转化为乘机服务流程。同时，我们发现机场的大部分导视内容较少，甚至缺乏对特殊旅客的服务流程及其空间位置的导视，造成了肢体残疾旅客在乘机流程上的障碍，使他们未能真正享受到机场提供的便利性服务。因此，面向肢体残疾旅客的导视系统可增加与肢体残疾旅客乘机流程相关的导视内容。

三、服务信息的可视化

服务流程信息的可视化，是指在机场的导视系统中引入服务流程信息的导视，在机场环境中使旅客获得乘机流程的识别与定位。广州白云机场的导引系统主要是对功能空间的指引，而这很难让初次乘坐飞机的旅客对整个空间及乘机流程形成全局性视野，从而在"找路"过程中耗费较多的精力与时间。

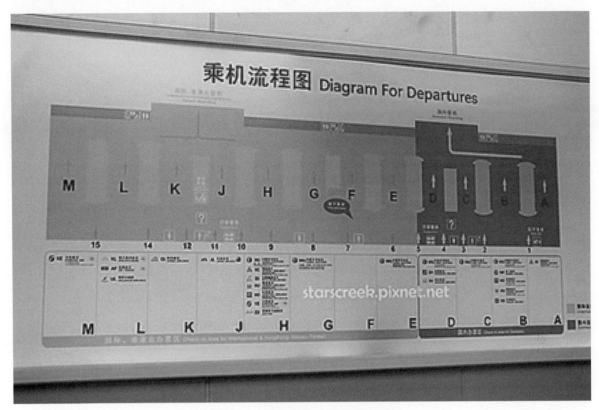

图 5-8　上海浦东机场乘机流程图

乘机服务流程信息的导视可通过在乘机流程关键节点增加物料，或将乘机服务流程信息与机场平面图结合，或利用线上地图等方式实现。然而，现有大部分机场虽设置了乘机流程图，但其以所有旅客为基准，仍缺乏对特殊旅客（包括肢体残疾旅客）乘机服务信息的导视。

肢体残疾旅客，特别是乘坐轮椅的旅客，需前往专门的地点办理特定的乘机业务，而这更需乘机服务流程信息的指引。因此在面向肢体残疾旅客时，乘机流程图的导视内容应着重标出无障碍柜台、特殊旅客服务柜台、特殊旅客安检通道、特殊旅客休息区等位置。

1. 路径可视性

路径可视性，保证了用户对当前位置与目的点的识别与定位。用户所处的路径应视线清楚，看得到下一地点；在路径中有明显的标牌显示自己所处的位置、走过的路径、下一地点的位置等，从而让人容易沿途估算出自己的进度，从而对剩下的距离与行走的时间有所掌握。机场可以通过设置"地点—距离—行走时间"导航，或对视线范围内的目的点进行颜色、灯光等标示来实现。

图 5-9　明尼阿波利斯－圣保罗国际机场

2. 无障碍地图

无障碍地图以地图的形式为肢体残疾旅客提供关于机场的空间布局与位置信息。而综合之前肢体残疾旅客乘机服务触点地图的数据与资料，面向肢体残疾旅客的乘机服务流程无障碍地图应包含以下信息：主要信息为特殊旅客乘机服务流程与乘机服务流程中关键流程节点的展示，包括特殊旅客服务柜台、特殊旅客安检通道、特殊旅客休息区等；次要信息为无障碍饮水机、无障碍洗手间、无障碍问询柜台、无障碍电梯等辅助设施。

图 5-10　日本北九州机场线上无障碍地图

扫码看图

第三节
服务触点的重塑

一、设施及辅助设备设计

在公共空间中增加辅助设施能使残障人士安全、方便地使用服务设施。辅助设施中最常用的为安全抓杆（扶手）。根据国家制定的《建筑设计资料集》，安全抓杆的设计施工有以下规定：（1）安全抓杆直径应为 30～40mm；（2）安全抓杆内侧距离墙面应不小于 40mm；（3）安全抓杆应安装牢固。安全抓杆应用最广泛的是在无障碍洗手间中，洗手间地面因湿滑等原因容易造成摔倒等安全事故，安全抓杆的使用是行动障碍人群对安全性的基本需求。

公共空间设计除了要安排好能满足行动障碍人群生理需求的辅助设施，对于行动障碍人群的心理认知也需要进行研究和适应。因为行动障碍人群的生理缺陷特征，他们的视线角度和接触面的高度和健常人群有着非常多的差异性，在设计中我们需要更多的以他们的角度出发对产品进行重新再设计。比如，在电梯的设计当中，轮椅旅客在乘坐电梯的过程中因为视线低于健常人群，同时进入电梯的时候是反方向面对电梯门，他们通常难以观察到电梯的楼层数。因此，在无障碍电梯设计中，我们尝试在轿厢正面高 0.90m 处至顶部安装镜子或采用镜面材料，这样一方面扩展了电梯空间，另一方面让轮椅旅客可通过镜子观看显示屏上的楼层数。

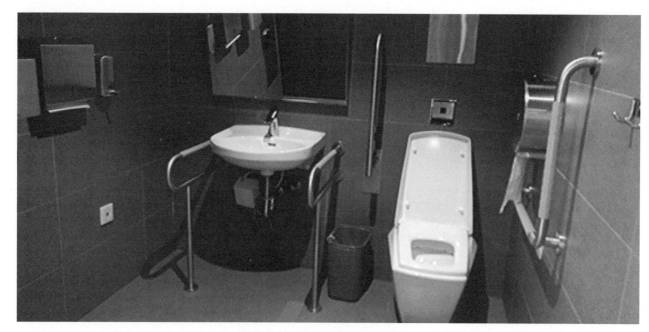

图 5-11　白云机场无障碍洗手间

二、服务流程与触点的配合关系

智能化带来了更为便捷的服务。机场乘机服务流程的便捷性很大程度上取决于服务的线上化与自助化，其摆脱了机场、人工效率等的限制，从而为旅客提供了更为快速、便捷的乘机服务。服务的线上化与自助化在未来的一段时间内将得到更为广泛的发展。

机场中的自助值机设备、自助托运设备、智能安检设备、刷脸登机设备等的应用为旅客带来了更为便捷、快速的服务，然而仍未能向轮椅旅客开放。而在未来覆盖所有类型旅客的场景下，自助设备的无障碍化设计需被重视。为保障行动障碍人群安全、便捷使用，自助设备的尺寸等应适应残疾旅客的需求。而除此之外，更为重要的是，自助设备所带来的简化流程的作用亦应满足残疾旅客的需求。

以轮椅旅客的乘机服务流程为例，由于大部分航班有轮椅旅客人数的限制，轮椅旅客需提前向航班公司提交乘机申请、机上轮椅或地面轮椅申请等，而到了机场特殊旅客服务柜台办理乘机手续时，则需提交残疾证、身体检查的医院证明、电池申报和放行单等材料，同时仍应在柜台前检查轮椅。这部分流程仍以人工审查、检查为主，为此轮椅旅客乘机时需提前很久前往机场。自助值机与托运设备的无障碍设计，其前提在于将轮椅旅客的乘机流程简化，否则仅从设备的尺寸、外观等满足轮椅的需求，亦非真正的无障碍设计。

因此，自助设备的无障碍设计的重点是简化旅客的乘机服务流程，可通过将部分流程线上化或自助化，通过线上审查或由乘坐轮椅旅客自助审查需提供的资料等方式，达到简化流程的目的。

三、人性化设计原则

经过前期的调研，基于肢体残疾旅客乘机服务流程，其中主要的场景与空间包括值机与托运区、安检区、候机区等及其包含的子场景与空间，如私密检查室、洗手间、特殊旅客休息区等。而本章节提出的场景与空间人性化设计原则与策略主要面向私密检查室、特殊旅客休息区等子场景与空间。

1. 安全性原则

由于生理特征原因，下肢残疾旅客需借助辅助器具站立、行走等。从行为特性角度分析，肢体残疾旅客对环境的需求性更高，更易受到环境障碍带来的伤害。为此，在场景与空间的设计中必须保障空间的安全性，这是肢体残疾旅客最基本的需求。在场景与空间中增设安全的设施主要有如下几种：

（1）增加安全抓杆

安全抓杆是运用性最广泛的保障残疾旅客安全性的辅助设施，主要是在事故发生频率较高的卫生间、走廊、楼梯等处增设。这样既保障了残疾旅客的安全性，亦可使残疾旅客借助安全抓杆行走移动，更为省力。在公共空间、住宅的客厅等处则未设安全抓杆，肢体残疾旅客可通过座椅把手等支撑身体站立或坐下。

（2）避免棱角

空间中的家具选择上应避免棱角，或其外露部分应避免棱角，应选择更为圆润、无棱角的造型。原因在于棱角容易磕碰到肢体残疾旅客，让其受伤，甚至是摔倒后棱角容易对肢体残疾旅客造成二次伤害。

（3）注意防滑

地面过于平滑容易使轮椅旅客与挂拐杖的旅客的辅助器具在地面上打滑从而导致摔倒。为此，空间的地面应选择防滑的材料或铺设地毯。但当地面阻力过大或存在高差时，轮椅旅客会不易移动或因轮椅倾倒而受伤，为此在地面铺设地毯时，应选择摩擦力较小的材质，局部铺设时应防止地毯移动或卷边形成高差。

2. 体验性原则

场景与空间的用户体验与光照、色彩、气味等元素息息相关。拥有良好的环境体验可以在一定程度上消解肢体残疾旅客在陌生环境下的不安、焦虑、烦躁、尴尬等情绪。在对环境体验进行考量时，机场可剖析空间与场景中肢体残疾旅客的各种感觉元素，如视觉、触觉、听觉、嗅觉等，通过提供色彩、触觉感受、声音、气味等来提高用户体验。

（1）色彩

色彩影响我们的情感体验，进而影响我们的行为反应。合理的色彩搭配有利于用户消极情绪的消解。罗伯特·普罗奇克提出了八种基本的两极情绪——喜悦与悲伤、愤怒与恐惧、信任与厌恶、惊诧与期待，并将色彩与情绪相结合，提出了情绪轮（图5-12）。

场景与空间的色彩可依据使用情境，通过情绪轮上个人情绪与色彩间的对应关系进行选择。例如，在私密检查室中，佩戴假肢的旅客的情绪应该为信任，故私密检查室的色彩在设计上应根据情绪轮选择与信任相对应的绿色。

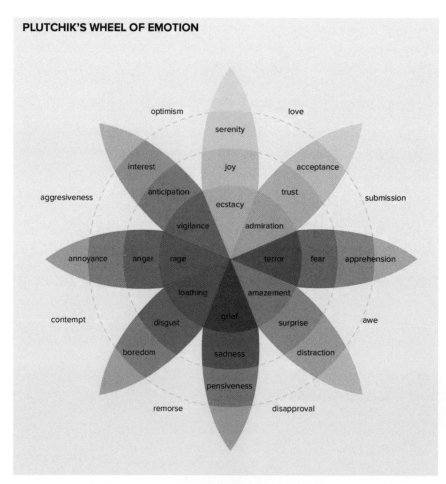

扫码看图

情绪轮

152

（2）材质

根据部分肢体残疾旅客易受伤、害怕受伤的生理和心理特性，与肢体残疾旅客相关的产品材质应是感觉安全的、坚固的；根据肢体残疾旅客行走不便与困难的行为特性，以及其在场景与空间中对休息环境的需求，与之相关的产品材质应是感觉舒适的；根据场景与空间中具有缓解情绪、平静身心等功能，与之相关的产品的材质应是感觉亲和的、自然的。而木材、棉麻、皮革等材质在表示上述情感时具有较大的作用，为此在机场场景与空间的设计时可引入材料为木材、棉麻、皮革等的家具。

3. 流畅性原则

场景与空间的设计具有功能性。对于功能性较强的场景与空间，其在场景与空间中所感知与接受的流程服务应是流畅的、无缝衔接的。私密检查室最基本的功能为提供二次检查（主要是佩戴假肢的旅客），而由于自身身体状况需进行二次检查，易使旅客产生不满、不安、焦虑等消极情绪，不良的流程服务在很大程度上会加剧消极情绪。流畅的流程服务则会增加效率，提供良好的用户体验，在提升用户满意度方面具有正面作用。而流畅的流程服务的保障则需考虑肢体旅客的生理和行为特性、空间中的行为、空间的位置与布局等因素。

4. 私密性原则

私密性，是人与人之间的边界化过程，从行为倾向和心理状态两个方面出发为退缩（Withdrawal）和信息控制（Control of Information）。结合肢体残疾旅客机场乘机行为与私密性的定义，本章节对空间的私密性提出以下建议：

（1）隔绝环境中的视听干扰

不被环境中他人的声音或视线干扰，甚至在密闭空间里也不会被干扰。包括：不以异样眼光看待或公开讨论肢体残疾旅客；在密闭空间里设置遮挡、隔断等，例如秘密检查室为避免假肢送检开门时佩戴假肢的旅客暴露于外部旅客前，可以在大门与旅客间进行隔断处理；不把残疾状况不明显的旅客的辅助器具暴露于公众前，例如假肢送检时用袋子、安检包等对假肢进行遮挡。

（2）维护个人空间

个人空间起着自我保护的作用。维护肢体残疾旅客的个人空间，包括：与肢体残疾旅客保持距离，例如等待假肢送检时，处于同一空间的安检人员与肢体残疾旅客保持适当的距离；帮助肢体残疾旅客时提前询问，获得进入其个人空间的许可后再进行帮助。

5. 规范化原则

机场为肢体残疾旅客提供无障碍服务时应专业化、规范化，包括无障碍设施、设备的使用，协助残疾旅客的服务要领，机场相关服务用语等。专业化、规范化的无障碍服务，在生理层面保障了肢体残疾旅客的安全性，在心理层面满足了肢体残疾旅客的尊重需求、隐私需求等。根据《民用机场无障碍服务指南》并结合前期调研的数据与成果，本章节提出以下设计策略：

（1）掌握无障碍设施的使用规范与服务要领

机场服务人员应熟练掌握机场中无障碍电梯、摆渡车等无障碍设施的操作，当残疾旅客有需求时能在最快的时间内给予协助。基于安全性与专业性原则，机场服务人员应熟悉无障碍辅具的使用，如轮椅、助行器、假肢等，同时应掌握协助肢体残疾旅客的服务要领，如行进引导、轮椅推行、协助更换轮椅、搀扶旅客等服务。

特定场景与流程节点中的服务人员需要掌握更为专业的无障碍设施的使用与协助肢体残疾旅客的服务要领。如安检人员在对乘坐轮椅、拄拐杖的旅客进行安检时，需注意旅客的安全问题，必要时提供协助；而对前往私密检查室二次检查假肢的旅客，必要时需协助旅客拆卸假肢。

（2）服务用语专业与规范

机场服务人员在无障碍服务过程中应使用专业、规范的服务用语，创造良好的服务氛围，在问候、提示、建议、引导、道歉、道别时应使用礼貌用语，尊重旅客。基于前期调研的数据与成果，部分肢体残疾旅客并不愿意残疾状况暴露于公众之前，为此机场服务人员在与肢体残疾旅客交谈时需对其隐私信息进行保密，包括残疾状况、身体状况、交谈信息等，使用服务用语时应注意言语中避开暴露旅客隐私的用语。

● 机场服务人员在通知旅客时用普遍性更广的词语代替与残疾状况相关的词语。例如，在安检通道时，机场服务人员告知佩戴假肢的旅客进行私密检查时，可用抽检、普检等词语代替假肢等，避免假肢旅客的隐私暴露。服务用语可参考："您好，先生／女生，现在例行抽查，请您随我们前往另行安检，谢谢。"

● 机场服务人员准备帮助肢体残疾旅客时应提前询问，获得许可之后再进行帮助。服务用语可参考："您好，先生／女士，请问您需要帮助吗？"

第 6 章
行动障碍人群机场出行服务测评与评价

根据前期的行动障碍人群满意度研究结论的导入，以及利用服务设计的方法对机场服务系统中服务流程、服务触点的重塑，2019 年到 2020 年，新的服务流程和服务触点的落地给广州白云机场行动障碍人群出行带来新的服务体验。为了验证服务系统创新的效果，以及服务创新方法的有效性，我们进行了面向广州白云机场出行旅客的整体满意度评价。该评价分成两个板块：一是面向健常旅客的整体服务满意度评测，二是针对特殊旅客的整体服务满意度评测。这两部分的设定，一方面是为了验证当特殊旅客的服务提升后，是否会对整体旅客的满意度造成影响。比如增加的行动障碍人群服务触点、服务资源是否会同比减少健常旅客的服务资源配置，进而造成健常旅客服务满意度的降低。另一方面是想获知当行动障碍人群的服务满意度提升之后，员工的服务意识、服务质量是否会带动其他类型旅客的服务满意度同步上升。

此次的服务满意度研究采用问卷调查、访谈、现场观察和体验影随集中方式进行。

● 问卷调查：通过现场问卷的方式，调查各类型用户对机场出行的服务满意度。根据旅客主要乘机流程和服务体验，调查内容涵盖了机场旅客服务全流程环节和服务项目，包括机场交通、值机与按键、行李服务、空间环境与触点设施、离港与到港服务。

● 访谈：对各类型出行旅客及机场内部员工进行访谈，了解具体用户的服务感知，作为问卷收集信息的补充内容。

● 现场观察和体验影随：从行业专家的角度，通过对机场各类服务流程的观察和体验，结合满意度指标进行数据分析。

本次调查共回收问卷 11384 份，其中健常旅客 11277 份，行动障碍人群 107 份。各类用户回收有效问卷数量均满足目标样本数量要求。

第 6 章

/

第一节
满意度验证的信效度

2020 年，健常旅客的服务满意度调研实行旅客身份和出行行程"双认证模式"，保证数据采样的有效性。调查内容涉及进出机场交通、值机与安检、行李服务、空间环境与服务触点、离港与到港服务、延误服务、行动障碍人群服务、延误与投诉八个服务模块，每个模块包含若干项目和子项目，合计为 24 个项目和 78 个子项目。本次的满意度调研，根据前期对服务流程的剖析，按照旅客出行情况的划分，分为了一般出行情景和特殊情景两个部分。一般的出行情景是旅客正常的出行服务流程，但因为机场场景的特殊性，延误和应急的情景时有发生。延误的情景中服务满意度的研究可能会成为整个机场服务满意度的短板。因此，在对服务进行满意度评估的时候，我们尝试把延误情景单独列为一个模块进行分析。同时，行动障碍人群的服务是机场整体服务的一个部分，健常旅客对行动障碍人群的服务感知会影响他们对机场城市包容度和机场服务品牌的认知，进而影响他们对机场服务的包容度。因此，针对行动障碍人群的服务，我们不仅把行动障碍人群进行单独的研究，还在健常人群的服务满意度研究中单独列入一个模块进行研究分析。

本次数据采集是为了验证前期设计研究中创新的方法流程是否能够有效地提升行动障碍人群的机场出行满意度。因此，本次满意度验证采用结构方程模型方法进行。结构方程模型是一种多元统计方法，能够对变量间交互关系进行定量研究，将因素分析和路径分析相结合，同时反映单项指标之间的相互关系和单项指标对总体的作用。本次满意度验证基于结构方程模型对介入服务交互方法前的出行满意度，以及通过服务交互方法介入后的满意度状况直接效应进行分析，以检验创新行为的中介作用。

本次满意度验证信度分析主要运用的是 Cronbach's d 系数检验，来考查量表的内部一致性信度系数。从检验数据中我们可以看出，变量的信度范围为 0.970~0.982，说明数据内部具有较高的一致性，数据信度很好。

表 6-1　可靠性统计

	克隆巴赫 Alpha	项数
感知质量	0.970	3
感知价值	0.971	3
顾客抱怨	0.979	6
顾客满意度	0.969	4
顾客忠诚度	0.982	4
感知质量	0.981	4

在问卷的结构效度上，本次满意度验证通过因子分析方法，比较各个因子关联性，尝试以较少的几个因子来表现多个因素之间存在的联系，把相对而言有关联且关系密切的变量归纳为一类，从而使得这些较少的因子能够概括并反映原来数据的绝大多数信息。本次验证在进行因子分析前，主要采用 KMO 值检验和巴特利特球体检验，验证本书中的各个题项是否能够进行因子分析。通过数据分析本分析效度为 0.946，表明数据适合做因子分析；巴特利特球体检验卡方值为 11512.108，P<0.01，表明各个题项之间的关系良好，可以进行因素分析。而且所有变量的公因子方差均大于 0.2，表明变量之间具有较高的共同性，适合放入因子分析中。

表 6-2　KMO 和巴特利特球体检验

KMO 取样适切性量数		0.946
巴特利特球形度检验	近似卡方	11512.108
	自由度	276
	显著性	0.000

通过主成分分析法，因子分析一共提取了五个因子，解释总方差的 83.503%，大于 50%，符合因子分析的要求。而且通过碎石图我们可以看出（图 6-1），特征值曲线从第六个点开始变得平滑，断点出现在第七个因子位置，表明取前五个因子合适。

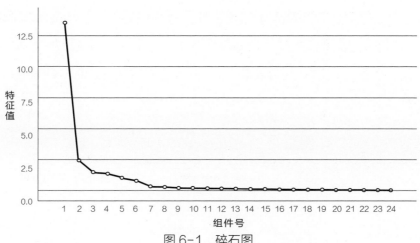

图 6-1　碎石图

综合前面分析以及主成分分析法，我们可以得知，每一个维度的题目因子载荷均大于 0.5，且每个题目均在各自原来定义的维度内，没有发生变量混淆的情况，说明模型具有较高的结构效度。

表 6-3　旋转后的成分矩阵 d

| | 成分 | | | | |
	1	2	3	4	5
PC6	0.854				
PC4	0.830				
PC5	0.829				
PC7	0.824				
PC3	0.797				
PC2	0.779				
EA4		0.806			
EA3		0.806			
EA2		0.762			
PA2		0.708			
PA3		0.651			
PA4		0.627			
H3			0.856		
H1			0.848		
H4			0.829		
H2			0.829		
G1				0.828	
G3				0.816	
G2				0.800	
G4				0.761	
D3					0.803
D2					0.792
D4					0.779
D1					0.756

注：提取方法：主成分分析法。
旋转方法：凯撒正态化最大方差法。

通过对数据因子的探索分析，模型中的因子具有代表性，且具有结构效度。我们尝试把因子置入模型，利用路径系数估计值检验判别回归系数估计值是否等于 0，如果达到显著水平（P<0.05），则表明回归系数不等于 0。从表 6-4 我们可以看出，所有变量的显著性均达到 0.001 的显著性水平，表明系数显著不等于 0。

表 6-4　旅客满意度分析

			Estimate	S.E.	C.R.	P
D1	<---	客户抱怨	0.868	0.033	25.910	***
D2	<---	客户抱怨	0.884	0.029	30.417	***
D3	<---	客户抱怨	1			
D4	<---	客户抱怨	0.986	0.032	30.808	***
EA2	<---	客户预期	1.095	0.047	23.427	***
EA3	<---	客户预期	1.085	0.039	28.049	***
EA4	<---	客户预期	1			
G1	<---	综合满意度	1.022	0.025	40.559	***
G2	<---	综合满意度	1.016	0.027	37.554	***
G3	<---	综合满意度	1			
G4	<---	综合满意度	0.941	0.031	30.169	***
H1	<---	客户忠诚度	0.980	0.024	40.301	***
H2	<---	客户忠诚度	0.985	0.027	37.058	***
H3	<---	客户忠诚度	1			
H4	<---	客户忠诚度	0.995	0.028	35.537	***
PA2	<---	感知质量	0.980	0.037	26.155	***
PA3	<---	感知质量	1.14	0.042	27.266	***
PA4	<---	感知质量	1			
PC2	<---	感知价值	0.960	0.048	20.028	***
PC3	<---	感知价值	1.014	0.035	28.854	***
PC4	<---	感知价值	1			
PC5	<---	感知价值	1.104	0.037	29.830	***
PC6	<---	感知价值	1.030	0.028	36.686	***
PC7	<---	感知价值	0.993	0.030	33.097	***

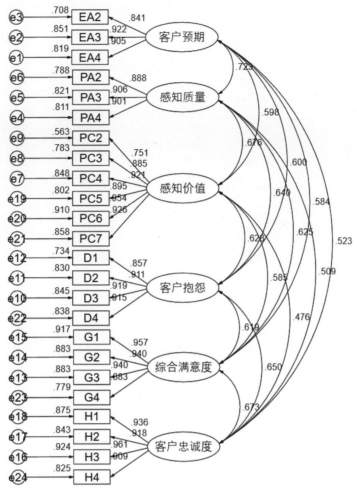

图 6-2 旅客满意度模型

从模型中我们可以看出，所有变量的因素负荷量在 0.751～0.961 之间，大于 0.7；组合信度在 0.919～0.963 之间，大于 0.7；平均变异抽取量在 0.792～0.867 之间，大于 0.5。参数均符合结构模型的参数要求，说明模型内部质量良好。

第二节
验证数据分析

通过前后数据的对比，我们可以得知顾客预期对感知质量、感知价值的影响在导入交互设计方法后并没有显著差异。顾客预期对感知质量影响的路径系数对比分析的 Z 值为 -0.779，顾客预期对感知价值影响的路径系数对比分析的 Z 值为 -1.742，绝对值都小于 1.96。可见在研究中，用户对机场出行服务的预期在一定程度上并不能对他们所感知的出行体验及感知造成影响。从另一个侧面来看，对机场服务交互系统的重塑，并没有提升用户在出行前的心理预期，从而提升行动障碍人群在实际出行过程中的出行体验和感知。前文中提及行动障碍人群在出行前产生的对出行流程的惧怕，对机场环境的陌生所造成的不安全感，并不能通过单纯地改善出行服务环节和机场服务系统、服务触点得以改变。这一问题暴露了本次研究的不足之处。感知价值对满意度的影响，在导入交互设计方法后并没有显著差异。感知价值对顾客满意度影响的路径系数对比分析的 Z 值为 −1.598，绝对值小于1.96，说明感知价值对顾客满意度影响在导入服务交互设计方法前后没有差异。可见在本次研究中，对机场服务系统的服务设计重塑还未能从根本上改变服务系统中用户感知的要素与服务系统所提供服务要素之间的落差。前文提到的用户对出行时效、信息对称等感知要素的关注度并不能得到有效提升，这造成旅客对服务体验价值感知与机场提供服务之间的错位。

价值感知 满意度—重要性排名					
检查指标	满意度	满意度排名	差异	重要性	重要性排名
C2 机场购物	3.159	2	0.027	0.949	3
C3 餐饮收费	3.41	6	0	0.929	6
C4 行李轮椅托运	3.519	3	0.003	0.923	5
C5 私密检查	3.502	4	0.024	0.953	2
C6 充电设备收费	3.491	5	0.038	0.934	4
C7 安检时间	3.526	1	0.068	0.958	1

除了相关的要素之外，通过本次的满意度验证我们得知，整体上通过导入本研究中服务交互设计的方法，能有效提升行动障碍人群机场出行的服务体验。相关检测数据表明，感知质量对感知价值、满意度的影响都得到了较明显的提升。而通过前后检测数据的对比发现，满意度提升正向地影响了旅客对顾客抱怨、顾客忠诚度的感知，从而较大地拓宽了行动障碍人群在出行行为中的体验宽容度，因而能有效地提升他们对出行体验的感知。

表 6-5　服务验证数据比较

			检测之前	检测之后	Z 值
感知质量	<---	顾客预期	0.902***	0.723***	−0.779
感知价值	<---	感知质量	0.863***	0.510***	−4.353
感知价值	<---	顾客预期	0.114*	0.229***	1.742
顾客满意度	<---	顾客预期	0.078*	0.225***	2.267
顾客满意度	<---	感知价值	0.409***	0.259***	−1.598
顾客满意度	<---	感知质量	0.508***	0.296***	−2.062
顾客抱怨	<---	顾客满意度	0.881***	0.630***	−4.833
顾客忠诚度	<---	顾客抱怨	−0.008	0.359***	5.957
顾客忠诚度	<---	顾客满意度	0.985***	0.452***	−9.348

▎总结

交互设计作为从深度理解人类社会中复杂的人与物、人与人的关系介入，进而通过设计手段塑造人与产品、人与社会、人与自然和谐关系的方法，其特殊性以及其在信息时代中的重要性一直被设计研究学界所关注。以往交互设计所研究的范畴主要聚焦于数字产品中人与产品的交互界面，以及人们在交互行为当中所产生的认知、感知和体验等领域。交互设计作为一种设计手段去解决具体的人造物过程中产生的设计问题。随着互联网社会的发展，信息技术的连接让每一个单一的产品结网成为一个复杂的"智能化系统"。服务智能化发展就是这一情况在现实中的证明。智能化的服务系统带有单一智能产品具备的交互特征，但是因为服务系统的复杂化、多样化，它又不完全与单一智能产品相类似。如果只是遵从以往的设计方法，从服务设计的角度去进行智能化服务系统的设计，因为其与传统的服务业态有着本质的区别，因此这样的设计方法必然是无效的。而且，在复杂的服务系统当中，每一个服务触点都是碎片化的。而且各个碎片化的感知在服务系统中并没有连接成一个整体。在重视体验的当下，服务系统的"体验"必须解决服务系统中感知碎片化的问题。而解决这一问题的核心手段就是针对服务系统交互界面进行的研究和重塑。通过服务交互界面的重塑把各个碎片化的触点感知连接成一个完整的体验，最终能让旅客在服务过程中完整感受体验到机场服务的专业度。

本书试图通过交互设计的视角，利用交互设计的方法和手段，从"体验与感知"的角度出发，重新构建对复杂智能化服务系统的设计方法。本书以广州白云机场为例，因为广州白云机场是世界十大机场之一，而且地处国内一线城市，其本身就具有了现代交通枢纽的复杂性、综合性。同时，该机场的数字化应用已经普及，具备了我们对复杂智能服务系统研究对象的所有条件。因此，我们以广州白云机场为典型，进行交互服务系统的设计研究。在研究过程中，我们从行动障碍人群交互特征、出行行为交互需求、机场出行行为的服务设计触点、机场行动障碍人群的满意度四个维度开展研究并进行论证，整合社会学对场域理论的观点、认知心理学对满意度的理论和方法，并通过交互设计的研究框架逐层解剖机场服务系统中不同角色之间、各个角色与服务空间、服务触点的交互关系，以期为现代交通枢纽中复杂的服务系统设计寻找合理的设计方法。本书对整个研究的内容加以总结可以得出如下三点研究重点，这些研究内容可能具备一定的创新价值。

1. 通过对交互设计理论、交通枢纽服务系统研究的文献收集和整理，分析现实复杂交通枢纽中交互设计问题，以及行动障碍人群体验感知问题，构造了以残障旅客感受为导向的服务设计模式。

从机场场景中的交互要素特征出发，本书分别对行动障碍人群的概念及发展、机场服务场景的特殊性、机场服务流程及触点要素进行了定性分析，进而构建出机场服务场景的交互关系现状，提出了"服务机能"与"服务感知"两个重要的服务交互系统要素。在对"服务机能"的研究之上，本书利用"服务满意度评价"的理论体系，通过量化分析方法构筑了作者对旅客出行行为的理解、出行预期的感知，并结合前期获得的交互设计的各要素的分析结果，推论得到行动障碍人群机场出行满意度形成的机制。本书采用跟踪观察、深度访谈等方法对机场的服务空间、服务资源、服务流程进行全方位的系统研究，梳理出不同角色在机场服务流程中的需求，以及服务流程与机场功能空间分布的关系；从人因工学的角度对机场各功能空间尺度及设备在行动障碍人群使用过程中的问题进行总结；结合服务资源配置关系，对比了机场通用旅客服务流程与行动障碍人群出行流程的特殊性。

本书根据对出行的逻辑关系的抽象，结合服务工程学对服务系统中各个要素的关系定义，将复杂的机场服务流程和评价问题归纳成行动障碍人群机场出行通用模型，弥补了传统模式下时空分割的缺陷。针对服务设计方案这一问题，本书在交互设计理论的基础上，提出了对"行动障碍人群出行交互"问题的研究，拓宽了原有的交互设计研究领域。并且进一步把行动障碍人群的体验作为研究的起始点，针对行动障碍人群的感知进行复杂服务系统的设计重构。

出行相关的交互设计问题，是交互设计研究中的一个相对狭窄的领域。而行动障碍人群出行场景中的交互设计研究更为鲜见。该领域鲜见成熟的理论或者方法体系。以往的研究学者或者从用户心智模型的建模方法入手，研究老年人出行问题，或者以交互设计理论为基础对老年人因为机能衰退而造成的行动障碍问题进行了分析，或者对信息、物联时代的公共交通平台信息场所的形式进行了思考和探索，或者从医学研究的角度分析了行动障碍人群在交互行为中与其行动辅助人员的交互关系。虽然交互设计的理论和方法在设计研究领域已经得到广泛的认可和推广，但在行动障碍人群的相关产品设计研究中，以交互设计的角度为切入点的研究却十分鲜见。虽然近年由社会学思潮掀起的平权运动、障碍者权利运动等推动了设计研究领域对障碍弱势群体的设计思考，产生了通用设计、包容性设计等相关的理论和设计方法，但就本质而言，该类研究聚焦的还是对行动障碍人群生理层面、功能层面的思考和解决方案。在社会和市场把"体验感知"作为重要竞争要素的当下，设计研究领域并没有为行动障碍弱势群体提出以合理的"体验"为导向的研究理论及方法。本书整合多学科的角度和理论成果，运用社会学"场域理论"、市场学中对"满意度"研究的方法、心理学"体验感知"的理论，对行动障碍人群的出行体验要素进行了系统分析，并且通过设计实践重构了广州白云机场的行动障碍人群出行服务系统。通过设计验证，本书证实前期的研究成果及设计方法创新对提升行动障碍人群的出行服务体验切实有效。

2. 基于交互设计的理论及研究实践，创造性地使用了"现代交通枢纽"这一复杂的服务系统，作为交互设计研究的对象。

在机场服务中怎样能够对不同的资源加以科学配置，让服务资源供需双方能够维持在稳定的水准，为设计实践提供可靠理论和方法依据，是当下设计研究领域需要迫切回答的问题。服务设计是新近发展起来的设计学科。在服务设计的整体框架当中，设计方法论和实践经验总结占大部分。而就学科的理论来说，服务设计理论是相对缺乏的，其研究也是不充分的。因此，在基于机场的服务设计研究当中，我们急需借用一个分析框架来解释服务流程及系统在机场场景当中的各种关系和构成。交互设计的理念和实践方法系统是一个已经被运用到各个领域的分析方法，它能够从多个视角入手对复杂的社会问题做出分析，得出简单明晰的分析结果。本书究尝试以用户体验为出发点，运用交互设计角度对机场场景进行分析和解释，从而构建基于服务设计思想体系的机场服务设计框架，并优化和改进我们对服务设计的工作。同时，本书总结了现代交通枢纽系统特殊性与综合性、复杂性与差异性的特征，为以后城市中交通枢纽的用户体验设计提供了方法借鉴。

3. 通过服务交互界面的重塑把各个碎片化的触点感知障碍的形成一个完整的体验，最终能让旅客在服务过程中完整体验到机场服务的专业度。

服务系统中的体验一直是服务设计从业者试图解决的一个重大问题。但是服务系统不像单一的智能产品、软件产品，它是由众多碎片化的触点所构成的，而且连接所有这些触点的是复杂的服务流程。因而，如何缝合所有触点体验，让用户在内心中感受到服务系统的整体性，提高体验感逐渐被服务设计从业者所关注是我们需要重点研究的。以往的服务设计方法体系缺乏对服务系统中用户所感知体验的整体性研究。服务设计虽然能改善服务系统中的堵点和痛点问题，但这些解决途径都是局部而碎片化的。本书通过综合行动障碍人群交互特征、出行行为交互需求、机场出行行为的服务设计触点、机场行动障碍人群的满意度等多个维度的数据，开展研究并进行论证，进而结合社会学对场域理论的观点，认知心理学对满意度的理论和方法，通过交互设计的研究框架逐层解剖机场服务系统中不同角色之间、各个角色与服务空间、服务触点的交互关系，为现代交通枢纽中复杂的服务系统设计寻找合理的设计方法。最后，本书通过广州白云机场的服务设计创新与重塑，验证了本次服务交互系统创新的有效性。

未来工作展望包括以下几点。

1. 交互设计领域设计的学科和知识较为广泛，特别是交互技术随着智能设备的普及进入了一个快速发展的阶段。受制于笔者的研究能力及客观条件，关于服务系统中的交互设计研究与实践探索远不止于此。不论从理论还是从方法论的角度来看，交互设计研究的拓展，都有待投入更深入的精力和时间以获得更加科学、客观的研究成果。

2. 基于满意度的服务交互系统的设计方法是一个复杂的方法体系。本书分别从系统的角度剖析系统中各个要素的组成和作用，以及各个环节与要素之间的配合关系，同时从满意度的角度出发对"旅客"的感知和行为进行量化研究，以期从这两个维度入手较为全面地剖析复杂服务系统中用户体验的构成机制及问题特征。但本书对满意度感知及服务系统分析的关联度剖析还处于较为基础的尝试阶段，只从旅客的行为感知与系统可供性角度提供了两个因素相融合的思考。本书仍缺乏更深入的工作研究，从心理学、社会学及行为学角度解释各个要素之间的权重关系及与旅客行为的产生机制。

3. 受到交互形式、用户样本、实验条件等诸多限制，本书仅在与服务系统交互相关的广州白云机场服务设计项目中对书中所提及的概念和框架进行小范围的定性和定量实验。今后，将从更多的交互形式、更大规模的实验中进行定量验证，以获得更为客观准确的实验结果。

4. 本书聚焦于现代城市中的交通枢纽服务系统，因而选取了广州白云机场作为研究场景，进行研究活动、数据采集、设计实践及检验。虽然广州白云机场从性质上说完全符合研究的要求，但就单一场景而言，广州白云机场也具有一定的局限性，比如地域性、规模性、功能性等。本书受到研究资源和笔者能力限制，未能在国内外更多的交通枢纽中开展此项服务交互系统的设计研究；同时，也未能在二线、三线城市的中小机场展开相关设计验证工作，以验证本次的研究成果在不同地域、不同功能、不同规模的服务系统中是否同样适用。今后，笔者将从多维度补充更多元的服务场景以印证和修改、迭代本次的研究成果。

参考文献

[1] 傅国华 . 机场航站楼的设计理念 [M]. 上海：同济大学出版社 , 2012.

[2] （丹）克劳斯·布鲁恩·延森 . 媒介融合：网络传播、大众传播和人际传播的三重维度 [M]. 刘君，译 . 上海：复旦大学出版社，2012.

[3] （加）麦克卢汉著 . 理解媒介：论人的延伸 [M]. 何道宽，译 . 北京：商务印书馆，2000.

[4] 王耀希 . 民族文化遗产数字化 [M]. 北京：人民出版社，2009.

[5] （英）利萨·泰勒，安德鲁·威利斯 . 媒介研究：文本、机构与受众 [M]. 吴靖，等译 . 北京：北京大学出版社，2004.

[6] （法）布尔迪厄 . 文化资本与社会炼金术：布尔迪厄访谈录 [M]. 包亚明，译 . 上海：上海人民出版社 , 1997.

[7] 李曦珍 . 理解麦克卢汉：当代西方媒介技术哲学研究 [M]. 北京：人民出版社，2014.

[8] （英）丹尼斯·麦奎尔 等 . 麦奎尔大众传播理论 [M]. 崔保国，等译 . 北京：清华大学出版社，2010.

[9] （加）托马斯·厄尔 . SOA 服务设计原则 [M]. 郭耀，译 . 北京：人民邮电出版社 , 2009.

[10] （日）西门柳上，马国良等 . 正在爆发的互联网革命 [M]. 北京：机械工业出版社，2009.

[11] （西）曼纽尔·卡斯特 . 网络社会的崛起 [M]. 夏铸九，等译 . 北京：社会科学文献出版社，2006.

[12] （美）尼葛洛庞帝 . 数字化生存 [M]. 胡泳，等译 . 海口：海南出版社，1996.

[13] （美）简·维索基·欧格雷迪，肯·维索基·欧格雷迪 . 信息设计 [M]. 郭璇，译 . 北京：译林出版社，2009.

[14] （德）安迪·宝莱恩，（挪）拉夫伦斯·乐维亚，（英）本·里森 . 服务设计与创新实践 [M]. 王国胜，等译 . 北京：清华大学出版社，2015.

[15] （美）林文刚 . 媒介环境学：思想沿革与多维视野 [M]. 何道宽，译 . 北京：北京大学出版社，

2007.

[16] （美）苏珊·魏因申克.设计师要懂心理学 [M].徐佳，等译.北京：人民邮电出版社，2013.

[17] （美）霍金斯，（美）布拉克斯莉.智能时代 [M].李蓝，等译.北京：中国华侨出版社，2014.

[18] （美）古德曼 等.洞察用户体验：方法与实践 [M].刘吉昆，译.北京：清华大学出版社，2015.

[19] （日）松尾丰，盐野诚.大智能时代：智能科技如何改变人类的经济、社会与生活 [M].陆贝旎，译.北京：机械工业出版社，2016.

[20] （美）尼古拉·尼葛洛庞帝.数字化生存 [M].胡泳，等译.海口：海南出版社，1996.

[21] 叶晗.世界遗产保护启示录 [M].杭州：浙江工商大学出版社，2013.

[22] （美）丹·塞弗.交互设计指南 [M].陈军亮，等译.北京：机械工业出版社，2010.

[23] 刘伟，袁修干.人机交互设计与评价 [M].北京：科学出版社，2008.

[24] （美）斯蒂文·海姆.和谐界面：交互设计基础 [M].李学庆，等译.北京：电子工业出版社，2008.

[25] （美）比尔·莫格里奇.关键设计报告：改变过去影响未来的交互设计法则 [M].许玉铃，译.北京：中信出版社，2011.

[26] （美）艾伦·库珀.交互设计之路——让高科技产品回归人性 [M].克里斯·丁，译.北京：电子工业出版社，2006.

[27] 戴力农.设计调研 [M].北京：电子工业出版社，2014.

[28] 刘伟.走进交互设计 [M].北京：中国建筑工业出版社，2013.

[29] （美）科尔科.交互设计沉思录 [M].方舟，译.北京：机械工业出版社，2012.

[30] 彭兰.场景：移动时代媒体的新要素 [J].北京：新闻记者，2015（3）.

[31] （美）Mc Quail，D. & Windahl，S. Communication Models[M]. London & New York：Longman，1981.

[32] 李世国，顾振宇.交互设计 [M].北京：中国水利电力出版社，2012.

[33] （芬）Ilpo Koskinen 等.移情设计：产品设计中的用户体验 [M].孙远波，等译.北京：中国建筑工业出版社，2011.

[34] （英）贾尔斯·科尔伯恩.简约至上 [M].李松峰，等译.北京：人民邮电出版社，2015.

[35] （美）詹妮佛·普瑞斯，等.交互设计：超越人机交互 [M].刘晓晖，等译.北京：电子工业出版社，2003.

[36] （美）特里·K.甘布尔，迈克尔·甘布尔.有效传播 [M].熊婷婷，译.北京：清华大学出版社，2007.

[37] （美）N.维纳.控制论（或关于在动物和机器中控制和通讯的科学）[M].北京：科学出版社，2009.